UNIVERS PORT-ROYAL
sous la direction de Jean Lesaulnier
30

Recherches arnaldiennes

Tome I

Jaime Derenne

Recherches arnaldiennes

Tome I

Théorie raisonnée des idées chez Antoine Arnauld : reprise et prolongement du projet cartésien

Préface de Marc Peeters

PARIS
CLASSIQUES GARNIER
2017

Jaime Derenne est chercheur à l'université Libre de Bruxelles. Il possède un master en philosophie qu'il a complété par un master en sciences des religions au sein de la même université. Il est membre du Groupe de recherche en philosophie moderne de cette institution, et préside, depuis sa fondation en 2012, le Groupe belge francophone d'études cartésiennes.

ISBN 978-2-406-05868-7 (livre broché)
ISBN 978-2-406-05869-4 (livre relié)
ISSN 1636-7332

ABRÉVIATIONS

En ce qui concerne les ouvrages d'Arnauld, nous utiliserons l'Œuvre de référence.

OA, suivi du tome et de la page	Arnauld A., *Œuvres de messire Antoine Arnauld, docteur de la maison et société de Sorbonne*, publiées par G. Du Pac De Bellegarde et J. Hautefage, avec la *Vie de messire Antoine Arnauld*, par N. De Larrière, Paris et Lausanne, 1775-1783, 43 t. en 38 vol., in 4°. Réimpression anastatique, Bruxelles, 1964.

Toutefois, nous utiliserons d'autres éditions pour :

LPR, suivi de la page	*La Logique ou l'art de penser, Antoine Arnauld et Pierre Nicole*, Introduction de Louis Marin, Paris, Flammarion, 1970.
GGR, suivi de la page	J. M. Mandosio, *Antoine Arnauld et Claude Lancelot, Grammaire générale et raisonnée*, Paris, éd. Allia, 2010.
VFI, suivi de la page	*Des Vraies et des Fausses Idées*, édition, présentation et notes par Denis Moreau, Paris, éd. Vrin, 2011. Il s'agit de la première édition critique. Ce texte correspond à l'édition de 1683 publiée à Cologne chez Nicolas Schouten.

Concernant les *Œuvres* de Malebranche :

OCM, suivi du tome et de la page	*Œuvres complètes de Malebranche*, sous la direction d'André Robinet, Paris, éd. Vrin, 1958-1970, 21 volumes.

Concernant les *Œuvres* de Descartes :

AT, suivi du tome et de la page	*Œuvres de Descartes*, par Charles Adam et Paul Tannery, 11 volumes, Paris, réédition Vrin – CNRS, 1964-1974.

En ce qui concerne les *Méditations Métaphysiques* :

MM, suivi de la page	René Descartes, *Méditations Métaphysiques. Objections et réponses suivies de quatre Lettres*, Chronologie, présentation et bibliographie de J. M. Beyssade et M. Beyssade, Paris, GF Flammarion, 1992. Nous renverrons également le lecteur à l'édition de référence.

PRÉFACE

Si, en définitive, la philosophie est bien introspection et méditation – auto-analyse ou auto-décomposition désintégrative du Moi ou du *Cogito* – la vision intérieure propre à ce questionnement doit alors pratiquer une « abstraction isolante » des facultés ou des substances qui constituent l'esprit. En effet, l'esprit est donné, découvert et à réfléchir pour isoler en lui la multiplicité des activités et affections, des idées et des passions de l'âme. On ne peut faire l'abstraction de la raison. La question préliminaire du travail qu'on va lire semble donc être : à quelle abstraction avons-nous affaire et en quoi est-elle authentiquement philosophique ? Notons déjà que c'est en fonction des réponses à ces questions que l'on pourra trancher, ou du moins essayer de trancher, la difficile question d'une philosophie authentiquement arnaldienne. L'abstraction, indissociable de la réflexion et de la comparaison des « représentations » ou « des *exemplar* », est bien une abstraction réfléchissante de l'esprit en vue du concept ou de la notion, de l'idée ou de la « *species* ». Dirigée en vue du concept, à trouver, ou de l'idée, formelle et objective, à réfléchir, en nous pour Arnauld, en Dieu pour Malebranche, l'abstraction réfléchissante permet d'isoler, à partir de la substance pensante dont, en fin de compte, nous ne pourrons jamais faire l'abstraction, la typologie substantielle ; en l'occurrence la pensée ou l'étendue. La question de la réflexion des idées, au *Premier Livre des Principes de la Philosophie* de Descartes, doit nous permettre de penser clairement et distinctement la « séparation *réelle* » des substances, ou les diverses abstractions, modales, de raison raisonnée ou de raison raisonnante, qui constituent l'activité de l'esprit. Et Descartes est très clair : il récuse l'abstraction de raison raisonnante, le « *flatus vocis* » des médiévaux. Les substances, pensée et étendue, sont donc réellement « séparées » ou différenciées par la vision intérieure propre à la *Méditation Métaphysique*. Le temps de cette dernière, et sa temporalisation, sont autant de variations de l'activité de la raison isolée, du passé de l'erreur, dans la *Première Méditation*, à la certitude toujours déjà présente et inaliénable du *Cogito*, des idées confuses des sens à celle, claire et distincte, de Dieu. Mais si la pensée peut isoler la substance pensante de la substance étendue, « malgré une notable différence » dit Descartes, c'est bien par un processus d'abstraction de raison raisonnée. À ce titre, ce qui est abstrait est un « *ens abstractum ac philosophicum* », un « être philosophique abstrait » qui est comme une mise en suspens de l'objet téléologique, opératoire et constitutive, de la raison *philosophique.* Et celle-ci s'appuie sur la raison *commune.* Il y a cependant entre les deux un abyme que l'on pourrait qualifier d'esthétique comme les diverses et multiples « fables » qui émaillent le texte de Descartes. L'abstraction de raison raisonnée permet de penser les idées, confuses, ensuite claires et distinctes. On le voit, on ne peut séparer *philosophiquement Méditation introspective* et *théorie des idées.*

On pourrait tracer la narration extrêmement complexe de la notion d'abstraction de raison raisonnée. Et celle-ci en passerait certainement par Aristote, le fondateur, par Thomas d'Aquin et sa convertibilité des transcendantaux, l'étant, le quelque chose, l'autre quelque chose (*aliud quid*), le bien, l'âme et surtout l'un ; par la philosophie contemporaine, et plus particulièrement la phénoménologie et les logiques ou ontologies formelles. Bien entendu on ne confondra pas l'abstraction des langages logiques, et la philosophie arnaldienne du langage qui le différencie de Descartes. À ce titre, le XVIIe siècle nous offre un moment-clef dans cette narration. Avec Descartes et ses successeurs, pour nous ici Arnauld et Malebranche, avec Leibniz et ses épigones. Il n'y a cependant pas une frontière imperméable entre les métaphysiciens, logiciens, théologiens français et le grand philosophe allemand, inventeur de la *Characeristica universalis* et du *calculus ratiocinator.* Ainsi, Antoine Arnauld, qualifié de son vivant de « Grand Arnauld », traverse-t-il le siècle comme une figure emblématique, trop peu connue, de la philosophie classique. Il fut le correspondant de Descartes, ami de Pascal, des penseurs de Port-Royal, de Malebranche, de Leibniz, pour ne citer que les philosophes. Car, de Paris à l'exil bruxellois du philosophe, ce dernier ne cesse de croiser le fer avec les théologiens jésuites sévissant partout dans l'Europe catholique. Théologien de Port-Royal, il fut sans doute le lecteur le plus profond et judicieux de *l'Augustinus* de l'évêque d'Ypres, Jansénius. Or, ce travail immense de métaphysicien et de théologien laisse ouverte une question que tous les commentateurs de notre auteur n'ont pas manqué de relever :

y a-t-il une philosophie authentiquement arnaldienne ? Question difficile qui masque peut-être l'originalité incontestable de sa théorie des idées et de sa philosophie du langage, d'abord dans la *Logique* dite *de Port-Royal* ensuite dans le *Des vraies et fausses idées* où Arnauld expose une théorie originale de la vérité et de l'erreur, et donc du jugement apophantique, lieu d'opérativité des idées.

L'ouvrage qu'on va lire interroge avec profondeur et érudition cette question en mettant en évidence deux aspects architectoniques des œuvres d'Arnauld et de Malebranche : la théorie de l'abstraction de raison raisonnée (et par là des idées) et la théorie de ce qui deviendra *l'étendue intelligible infinie* chez Malebranche, ou la vision des idées en Dieu. Il est incontestable, comme le dit Jaime Derenne, que les êtres philosophiques abstraits sont la pierre de touche imaginaire et fictionnelle qui oppose les deux grands cartésiens. L'auteur montre avec subtilité comment s'agencent les controverses, tellement prégnantes, de la pensée philosophique universelle en ce XVIIe siècle. Car penser *l'étendue intelligible infinie*, ce n'est rien d'autre que penser la possibilité ou l'impossibilité de l'espace vide de la raison, le célèbre *Leerraum* dont Kant montrera, après Lambert, qu'il est authentiquement un simulacre de la raison (*simulacrum spatii et temporis*), une subreption de l'espace et du temps dans la raison pure. À ce titre, la pensée de Malebranche repose également sur une vision originale de la théorie de l'abstraction et de la projection rétrojective de cette fiction heuristique dans l'idée de Dieu. Le fil conducteur du travail original que nous offre Jaime Derenne est ainsi une genèse possible, et l'évolution, qui se déploie en autant de chiliogones doctrinaux, de ce cartésianisme du XVIIe siècle tiraillé par les guerres de religion, la ruse et l'exil. Parce qu'Arnauld et Malebranche manifestent la fortune la plus connue de Descartes en France, il revient à Jaime Derenne de mettre en évidence une conception tout-à-fait originale d'aborder la difficile question du statut subjectif et objectif des idées dans l'âme humaine et en Dieu. Car, pour Arnauld, il faut sortir de l'idée – le langage en est le médium – et la connaissance en soi est tout-à-fait immanente : ce qui est peut-être une autre caractéristique de la philosophie se faisant. Ainsi, ce que nous appellerions la théorie de la connaissance et l'origine du péché, la théorie de la Grâce, la vérité, l'erreur et le salut des âmes, se mêlent-ils en un inextricable foyer problématique qui, me semble-t-il, est authentiquement original et philosophique. Car l'auteur de ce beau travail d'exégèse mobilise aussi ses incontestables connaissances en logique classique et standard ; un talent idoine pour la présentation pédagogique de problèmes éminemment complexes ; son style, jamais rhapsodique, repose avec talent les philosophies tourmentées de nos auteurs, authentiques « artistes de la raison » comme dirait le Kant de la Première *Critique.*

Marc PEETERS
Chaire de Logique –
Université Libre de Bruxelles

INTRODUCTION GÉNÉRALE

Si Antoine Arnauld (1612-1694) a été retenu dans l'histoire des idées comme un théologien cela s'explique certainement par l'intervention de ce dernier dans les problématiques théologiques les plus acérées de son siècle ainsi que par la volumineuse production littéraire dont la plupart des 43 volumes impliquent des problèmes fondamentalement théologiques. Sa production illustre dès lors la rigueur et l'obstination d'un penseur à qui la recherche de la vérité fut imposée par les dernières paroles de sa mère[1]. Mais Arnauld n'est pas uniquement un théologien. En 1641, par l'intermédiaire du Père Mersenne[2], Descartes soumet les *Méditations Métaphysiques* à des lecteurs avisés. Parmi ces hommes se trouve Arnauld, qui n'a alors que vingt-huit ans. Peu de temps après la réception des *Méditations*, il communique « les principales difficultés » philosophiques qu'il distingue des préoccupations théologiques, c'est-à-dire des « scrupules qu'un homme de cette robe [qu'un théologien] pourrait rencontrer en tout cet ouvrage[3] ». Cette distinction permet dès lors de signifier l'entrée dans le champ de la philosophie de celui qui sera considéré par ses contemporains comme le « Grand Arnauld[4] » et dont

1 En mourant, la mère d'Arnauld demanda, comme le rapporte Pasquier Quesnel, de faire part à son fils d'une lettre dont voici le contenu : « je vous prie de dire à mon dernier fils, que Dieu l'ayant engagé dans la défense de la vérité, je l'exhorte et le conjure de sa part de ne s'en relâcher jamais, et de la soutenir sans aucune crainte, quand il iroit de la perte de mille vies : et que je prie Dieu qu'il me maintienne dans l'humilité, afin qu'il ne s'élève point par la connaissance de la vérité, qui ne luy appartient pas, mais à Dieu seul » (Pasquier Quesnel, *Histoire Abrégée de la Vie et des Ouvrages de Monsieur Arnauld (1690)*, Cologne, Nicolas Schouten, 1695, p. 55).

2 Marin Mersenne (1588-1648), prêtre de l'Oratoire, ami de Descartes. C'est par l'intermédiaire de Mersenne que René Descartes fait parvenir ses *Méditations Métaphysiques* aux objecteurs.

3 AT, IX, p. 153-154 ; MM, *Quatrièmes Objections*, p. 322.

4 Nous n'avons pas trouvé d'indications concernant l'origine de ce signe de respect et d'admiration concernant sa rigueur intellectuelle. Leibniz fait part dans une de ses lettres au duc Jean-Frédéric, que « le réputé Arnauld est un homme de la plus profonde et solide pensée que puisse avoir un vrai philosophe ». Leibniz G. W., Lettre du 26 mars 1673, au duc Jean-Frédéric, cité par Émile Jacques, *Les années d'exil d'Antoine Arnauld (1679-1694)*,

l'esprit marque encore les discussions métaphysiques, linguistiques et morales de notre époque[5]. Comme nous le montrerons, ces principales difficultés soulignées par Arnauld concernent les problématiques soulevées par la théorie des idées. Hérité de la philosophie de Descartes, mais en proposant une lecture surprenante[6], le questionnement arnaldien concerne l'affirmation du *Cogito* en ce qui concerne la connaissance de l'homme, le caractère discursif de la pensée en tant qu'implication directe de la pensée, l'innéisme des idées, l'adéquation de la pensée et du monde. L'intervention d'Arnauld s'insère alors dans une des difficultés majeures de la philosophie du XVIIe, mais comme toute question philosophique majeure, son intervention illustre la question philosophique elle-même en train de se poser. Arnauld rend compte par le biais de ses ouvrages philosophiques, de ce questionnement interne à la philosophie. Il accepte le déplacement du questionnement philosophique entamé par Descartes, et il inaugure, à sa manière, une voie cartésienne propre. Sa fortune philosophique est par conséquent une question qui nous concerne particulièrement depuis que nous acceptions de philosopher à partir de Descartes ou avec Descartes.

Ainsi, si Arnauld a été retenu dans l'histoire des idées comme théologien, son intérêt pour les questions philosophiques semble être évident.

Louvain, Nauwelaerts, 1976, p. 187, note 53 ; Aloyse R. Ndiaye, *La Philosophie d'Antoine Arnauld*, Paris, éd. Vrin, 1991, p. 15.

5 En 1920 se développe un conflit d'interprétations concernant la position d'Arnauld dans la philosophie de la connaissance. Ce débat concerne la position d'Arnauld à l'égard du représentationalisme. Deux tendances anglo-saxonnes se confrontent. Les uns pour montrer le réalisme d'Arnauld contre le représentationalisme de Malebranche. Ils assurent qu'Arnauld « aurait totalement nié l'existence des idées, au sens philosophique de ce mot, et adopté la notion du vulgaire, qui ne reconnaît pas d'autre objet de la perception que l'objet extérieur ». Reid voit en Arnauld le père du réalisme en tant qu'il met en place les éléments qui permettent de s'opposer à l'idéalisme. Voir Thomas Reid, *Essay on the Intellectual Power of Man (1785)*, D. R. Brookes (éd.), Edinburgh, Edinburgh UP, 2002, p. 165-170. Cité par Denis Moreau dans son introduction au *Des Vraies et des Fausses Idées*, Paris, éd. Vrin, 2011, p. 34. Les autres considèrent qu'Arnauld n'a pas poussé aussi loin la philosophie et ne permet donc pas de rendre compte du réalisme défendu par Reid. Arnauld nous lègue, selon ces derniers, « une version douce du représentationalisme ». C'est donc le degré de l'idéalisme arnaldien qui est ici discuté.

6 Elle est surprenante, car elle semble pousser plus loin le texte de Descartes, mais aussi parce qu'elle rend compte, ce que les « autres » cartésiens ne font pas, d'une reprise qui ne modifie en rien les fondements cartésiens. C'est un prolongement complet, une application, une illustration et une analyse sur les implications philosophiques et théologiques, par ailleurs jugées positives par Arnauld, de la doctrine cartésienne.

Alors qu'Arnauld préparait sa thèse de doctorat en 1637, Descartes avait déjà publié quelques ouvrages et, comme le montrent les *Quatrièmes Objections*, tout nous dit qu'Arnauld les a lus[7]. Il fait d'ailleurs part au Père Mersenne dans son introduction aux objections, de sa connaissance de Descartes précédant la réception des *Méditations*, « il y a longtemps que vous savez en quelle estime j'ai sa personne, et le cas que je fais de son esprit et de sa doctrine[8] ». Arnauld s'est adressé à Descartes en connaissance de cause, et les problèmes abordés, c'est en cartésien qu'Arnauld les pose. Descartes fut satisfait des objections d'Arnauld, surtout si nous considérons que ce dernier fut le seul objecteur qui a été à l'origine d'une modification du texte[9].

L'intérêt d'Arnauld pour la philosophie est précis. Il s'interroge sur la manière dont la connaissance humaine est constituée pour connaître les vérités naturelles. Son questionnement porte ainsi sur l'architecture interne de la connaissance humaine. Autrement dit, Arnauld se penche sur le fonctionnement interne de la faculté de connaître qui est en l'homme. La doctrine de Descartes contribue à cette interrogation et autorise, aux yeux de notre auteur, une reprise constructive, c'est-à-dire la constitution d'une théorie des idées, même si dans le fond, les intérêts n'ont peut-être pas toujours été les mêmes que Descartes. L'intérêt de Descartes est essentiellement focalisé dans la constitution d'une science certaine. Arnauld partage cet intérêt, mais dans l'analyse, ses textes invitent à lire en filigrane le problème du salut. En effet, en 1683, Arnauld refuse la doctrine des idées du Père Malebranche qu'il qualifie de fausse Philosophie[10] au nom d'un problème théologique : la connaissance humaine en Dieu. L'intérêt d'Arnauld se précise alors pour nous. Les positions théologiques d'Arnauld sont corroborées par les découvertes métaphysiques de celui

7 Dans les *Quatrièmes Objections*, Arnauld cite quelques passages du *Discours*. Il fait donc part de sa connaissance de Descartes.

8 AT, IX, p. 153 ; MM, *Quatrièmes Objections*, p. 321.

9 Nous n'abordons point l'implication philosophique et morale de la parenthèse ajoutée par Descartes dans l'*Abrégé des six Méditations*. Dison seulement que l'éclaircissement de Descartes concernant la finalité de son projet consiste à distinguer cette finalité même du problème théologique de la Grâce. Cette distinction ainsi établie, rien d'autre ne pouvait « arrêter les théologiens ». La distinction entre ce qui se déroule au sein de la connaissance naturelle ne peut être confondue avec ce qui se passe dans la recherche des vérités théologico-morales. La manière dont Dieu fonctionne est radicalement différente.

10 Voir VFI, p. 86. Arnauld considère que la philosophie de Malebranche est une « Philosophie des fausses idées ».

qui sera considéré, par Arnauld, comme le philosophe apportant le plus de lumière dans la recherche des vérités naturelles. La voie cartésienne se confond désormais avec son intention philosophique.

En ouvrant cette voie cartésienne, Arnauld porte l'habit du philosophe pour intervenir dans des problématiques philosophiques, et le distingue clairement de celui du théologien[11]. Cela prouve que le strict respect de l'autonomie de ces sphères différentes n'empêche pas la relation entre elles. Au contraire, l'autonomie autorise cette relation et c'est pourquoi il est possible de porter les deux habits. Aussi, si les sphères sont autonomes, elles ne sont pas contraires, elles ne sont que différentes. Arnauld aura par exemple recours à la philosophie de Descartes pour défendre contre les calvinistes, comme le remarque Henri Gouhier dans son ouvrage sur le *Cartésianisme et l'Augustinisme au* XVII*e* *siècle*[12],

> […] la présence réelle du corps de Jésus-Christ dans l'Eucharistie, ceci, par exemple, dans le troisième tome de la Grande Perpétuité de la foi en 1674. Inversement, si la philosophie de Descartes est condamnée au nom d'une théologie spéculative, Arnauld s'applique à montrer qu'elle ne contient rien de contraire aux vérités établies par la théologie positive.

Ce recours n'implique toutefois aucune confusion. Arnauld est prudent en ce sens, et il ne cesse de le rappeler[13]. En réalité, l'autonomie des sphères est mise en avant quand l'une des sphères prétend désavouer l'autre au nom de ses propres vérités. C'est seulement en distinguant les domaines que nous pouvons préciser quelle est la production philosophique d'Antoine Arnauld, qui est précisément celle qui nous intéresse ici. Cette précision n'empêche point l'implication d'une sphère dans le domaine de l'autre.

---

11 Dans les *Objections*, Arnauld dit jouer deux personnages « dans le premier, paraissant en philosophe, représenterai les principales difficultés que je jugerai pouvoir être proposées par ceux de cette profession, touchant les deux questions de la nature de l'esprit humain et de l'existence de Dieu ; et après cela, prenant l'habit d'un théologien, je mettrai en avant les scrupules qu'un homme de cette robe pourrait rencontrer en tout cet ouvrage ». AT, IX, p. 154 ; MM, *Quatrièmes Objections*, p. 322.

12 Henri Gouhier, *Cartésianisme et Augustinisme au* XVII*e* *siècle*, Paris, Vrin, 1978, p. 127. La distinction entre théologie positive et théologie spéculative peut être comprise comme une distinction entre une théologie qui se veut une restitution des vérités révélées, et une théologie qui se permet l'interprétation des textes.

13 La distinction entre philosophie et théologie est un thème constant chez Antoine Arnauld. Il se constate dans la plupart de ses interventions philosophiques.

L'EXPÉRIENCE CARTÉSIENNE

Arnauld a maintenu une correspondance philosophique avec les grands de son siècle, Leibniz, Malebranche et Descartes. Il fut à l'origine des *Provinciales* de Pascal. Toutefois, chaque intervention philosophique, et notamment en ce qui concerne la théorie des idées, c'est la voie cartésienne qu'Arnauld soutient. Il combat dès lors les adversaires de Descartes, mais aussi les cartésiens qui, aux yeux d'Arnauld, défigurent la théorie cartésienne des idées. Arnauld est en effet le philosophe qui campe le plus solidement sur les positions de Descartes. C'est en cartésien qu'il s'attaque à la critique anticartésienne du Père Le Moine[14]. C'est encore en cartésien qu'il s'en prend à la réhabilitation des formes substantielles de Leibniz. C'est toujours en cartésien qu'il s'oppose, pendant presque une décennie, au Père Malebranche. Selon Vincent Carraud, Antoine Arnauld a « peut-être été le premier cartésien [...], le cartésien le plus exact, le plus rigoureux et le plus fidèle[15] ». La reprise effectuée par Arnauld, aussi bien dans la *Logique*, que dans le *Des Vraies et des Fausses Idées*, est telle, que Descartes n'est jamais refusé, il est toujours prolongé. Cette fidélité, cet acharnement à défendre la philosophie de Descartes contre les incompréhensions et les équivoques, répond alors à une partie de l'activité philosophique d'Arnauld. Aloyse R. Ndiaye souligne dans cette perspective que toute intervention d'Arnauld dans la sphère philosophique est une défense directe « des positions philosophiques sur des problèmes qui mettaient en cause le cartésianisme[16] ». La contrepartie de cette activité, celle qui nous intéresse ici puisqu'elle rend compte de l'activité la plus louable d'une reprise philosophique, correspond au prolongement du questionnement cartésien sur des plans moins abordés par Descartes, mais que sa théorie rend néanmoins possible la réflexion.

Si Arnauld s'adonne à l'activité philosophique, c'est-à-dire à la connaissance des choses naturelles, c'est pour découvrir les vérités

14 Antoine Arnauld, *Examen d'un Écrit qui a pour Titre : Traité de l'essence du corps, et de l'union de l'ame avec le corps contre la philosophie de M. Descartes*, OA, t. 38.

15 Vincent Carraud, « Arnauld : de l'occamisme au Cartésianisme », p. 259-282, dans *Antoine Arnauld, Philosophe, écrivain, théologien*, Paris, Chroniques de Port-Royal – Bibliothèque Mazarine, 1995, p. 263.

16 Aloyse R. Ndiaye, *La Philosophie d'Antoine Arnauld*, *op. cit.*, p. 9.

naturelles. En ce sens, Descartes lui fournit les éléments les plus construits. Mais aujourd'hui, les commentateurs s'accordent à considérer qu'Antoine Arnauld ne propose pas une philosophie originale[17], nous montrerons qu'en théorie des idées, les prolongements de la théorie cartésienne exposent pourtant une originalité certaine. Il est toutefois probable que cette originalité ne soit pas suffisante pour constituer une philosophie à part entière. L'originalité peut être indiscutable, mais l'élaboration d'une philosophie à part entière l'en est moins. Sans rentrer dans cette discussion, qui mériterait plus d'attention sur des questions d'ordres différents, suivons la thèse acceptée selon laquelle Arnauld ne nous livre pas une philosophie propre. Cette condamnation n'exclut toutefois pas, et cela ne peut être remis en cause, la présence confirmée d'un projet philosophique[18]. L'objectif consiste alors à retrouver, dans le pointillé de sa pensée, la cohérence de ce travail. Malgré l'absence de philosophie au sens de système, nous défendons l'idée selon laquelle on retrouve un projet philosophique se faisant. Nous nous proposons alors de dégager ce projet et de voir comment il s'articule autour de deux ouvrages majeurs : *La Logique* (1642) et le *Des Vraies et des Fausses Idées* (1683). Nous justifions le choix de ces ouvrages par l'apport considérable qu'ils livrent concernant la théorie des idées. Mais, au-delà de cet apport, nous soupçonnons un souci de complétude. Nous verrons si les textes permettent de confirmer une telle hypothèse.

La date de naissance du projet philosophique d'Antoine Arnauld est certainement 1641 pour deux raisons. L'une, c'est qu'il défend sa thèse intitulée *Conclusiones Philosophicae.* Ce texte représente, comme le souligne Denis Moreau, « l'expression inaugurale et déjà mûrie d'une philosophie qui, comme le grand esprit dont elle est issue, traversera le siècle[19] ». L'autre est l'expérience cartésienne des *Méditations* de la même

17 Aloyse R. Ndiaye prévient à la fin de l'introduction de son ouvrage qu'« il n'est pas certain qu'à la fin de notre recherche ce que nous allons trouver mérite d'être appelé *La philosophie d'Arnauld*, au sens de système ». *La Philosophie d'Antoine Arnauld*, *op. cit.*, p. 20.

18 Nous pouvons toutefois nous poser cette question : la *reprise* n'est-elle pas une manière non seulement de pratiquer l'activité philosophique, mais aussi une manière de créer cette activité ? Autrement dit, la manière dont Arnauld *reprend*, discute, aménage, critique la philosophie de Descartes ne ferait pas de lui et un commentateur assidu de la philosophie de Descartes en même temps qu'un philosophe ? Pour répondre à cette question, c'est le concept de *reprise* que nous devons interroger.

19 Denis Moreau, *Antoine Arnauld. Textes Philosophiques*, Paris, éd. Presses Universitaires de France, 2001, p. 7.

année. Ces événements affirment et confirment dès lors son intention philosophique, et dans cette perspective, un projet philosophique voit effectivement le jour.

UN PROJET PHILOSOPHIQUE ARNALDIEN ?

Cependant, ce projet a été interrompu pendant plus de vingt ans non seulement parce que les préoccupations d'Arnauld étaient focalisées sur la théologie positive, mais aussi parce que, à la suite de la publication de *La Fréquente Communion* en 1643, la production intellectuelle de notre auteur s'est essentiellement centralisée sur la défense de cet ouvrage qui se voulait une critique du laxisme moral, en même temps qu'une défense systématique d'un augustinisme radical. Arnauld a alors connu des soucis *théologiques* qui semblent expliquer l'interruption de son activité philosophique. C'est seulement lors de la publication en 1662 de la *Grammaire générale et Raisonnée* et de la *Logique de Port-Royal* ou *L'Art de penser* que cette activité reprend. C'est par ailleurs dans la *Logique* que les commentateurs considèrent que notre auteur expose au mieux cette pratique philosophique. Elle est, d'une part, l'aboutissement de ses réflexions philosophiques jusque-là proposées ; mais elle est également le point de départ de ses réflexions ultérieures. En effet, en tant que « synthèse exhaustive et systématique de l'art de penser [...] la Logique fournit les clés d'accès à ses œuvres » (Denis Moreau, 2001, p. x). C'est donc vers la *Logique* que le lecteur doit se tourner pour découvrir la pensée philosophique de notre auteur. C'est, comme le souligne très justement Louis Marin dans son introduction à la *Logique*, l'ouvrage d'Arnauld « rendrait au philosophe d'aujourd'hui ce service éminent de faire apercevoir [...] comment s'organise, dans la dispersion et l'incohérence, le champ d'une culture, comment il se constitue dans l'enchevêtrement de niveaux hétérogènes, dans le glissement à demi perçu d'un plan à un autre plan de discours[20] ». En ce sens, si nous nous tournons vers la *Logique*, nous nous rendons compte qu'elle n'incombe pas seulement les auteurs : la *Logique* montre

---

20 Louis Marin, LPR, *Introduction*, p. 22.

la pensée du siècle qui se fait, qui avance et qui annonce les problèmes de la pensée philosophique de l'époque contemporaine. De ce fait, elle nous incombe.

LA *LOGIQUE*

Si la *Logique* fournit effectivement les outils indispensables pour comprendre l'activité philosophique d'Antoine Arnauld, remarquons que l'objectif de la *Logique* sur le plan de la théorie des idées est distinct de celui du *Des Vraies et des Fausses Idées*. Dans la *Logique*, et par opposition à la logique traditionnelle construite autour du raisonnement, le centre de gravité devient le jugement. Le jugement apparaît comme une opération de l'esprit concernant la connaissance de ce qui se passe *hors de nous*. Pour Arnauld, juger correspond en effet à une « action de notre esprit, par laquelle joignant ensemble diverses idées, il affirme de l'une qu'elle est l'autre, ou nie de l'une qu'elle soit l'autre ; comme lorsqu'ayant l'idée de la terre, et l'idée du rond, j'affirme de la terre qu'elle est ronde, ou je nie qu'elle soit ronde » (LPR, p. 59). Mais si nous sommes attentifs, même si le jugement devient « le pivot de cette nouvelle logique[21] », et même s'il est une opération de connaissance, le jugement se compose avec quelque chose qui le précède, il est donc déterminé par une autre *action de l'esprit* antéprédicative. Cette opération première consiste à *concevoir*. Elle correspond à « la simple vue que nous avons des choses qui se présentent à notre esprit [...] sans en former aucun jugement exprès. Et la forme par laquelle nous représentons ces choses, s'appelle *idée* » (LPR, p. 59), ou comme le souligne la *Grammaire*, « concevoir n'est autre chose qu'un simple regard de notre esprit sur les choses, soit d'une manière purement intellectuelle, comme quand je connais l'être, la durée, la pensée, Dieu ; soit avec des images corporelles, comme quand je m'imagine un carré, un rond, un chien, un cheval » (GGR, p. 50). Cette « simple vue » est une opération de l'esprit, car elle suppose une présentation-représentation de la chose vue. Il apparaît dès lors que l'importance qu'Arnauld

21 Hélène Bouchilloux, « L'usage de la Logique selon Arnauld », p. 233-257, dans *Antoine Arnauld, Philosophe, écrivain, théologien*, *op. cit.*, p. 240.

attribue aux idées, en tant que premier rapport au monde, s'explique si nous considérons que le champ de connaissance par idée correspond au champ de connaissance le plus large. Nous connaissons davantage avec les idées qu'avec tout autre moyen.

Pour Arnauld, la connaissance résulte d'un ordre précis. La connaissance s'origine dans les idées qui sont *en nous* et que nous concevons, elle se poursuit dans le jugement que nous faisons de ces idées. Le raisonnement intervient en tant que jugement de plusieurs jugements. Enfin, il convient de disposer les diverses idées, les divers jugements et divers raisonnements « en la manière la plus propre pour faire connoître ce sujet » (LPR, p. 59) L'ordre ainsi accompli, non seulement rend possible la connaissance, mais il rend également compte de la nécessité de faire connaître cette connaissance, de la partager. L'intention de la *Logique* consiste donc à « bien conduire sa raison dans la connoissance des choses » (*Ibid.*), et pour réussir cette conduite de la raison, nous devons suivre l'ordre de la pensée, pour ensuite seulement comprendre que « la principale application qu'on devroit avoir, seroit de former son jugement et de le rendre aussi exact qu'il le peut être » (*Ibid.*, p. 35). La *Logique* se veut en ce sens l'affirmation de l'idée en tant qu'origine de la connaissance. La bonne conduite de la raison est déterminée par l'exactitude du jugement, et l'exactitude du jugement conditionnée par l'idée, qui, considérée dans un acte unique, constitue la présentation-représentation *en nous* de la chose qui se trouve *hors de nous*.

Dans la *Logique*, il est question de démontrer non seulement l'impossibilité d'une connaissance qui serait d'origine sensible[22], mais surtout de déterminer l'activité de la connaissance dans son rapport avec le sensible. L'objectif de la *Logique* consiste alors à considérer que nos idées ne tirent pas leur origine des sens, mais que l'âme a la faculté de les former. Autrement dit, à partir du moment où nous acceptons les idées comme des formes par lesquelles nous pouvons concevoir des choses, il convient alors de comprendre que l'origine des idées des choses qui se présentent à notre esprit est le résultat d'une activité interne à notre esprit. L'idée est en effet une action de présentation et de représentation en même temps. Par ailleurs, la *Logique* marque un retour à l'activité de l'homme qui a le choix entre ce qui est vrai et ce qui est faux, et « ceux qui choisissent bien, sont ceux qui ont l'esprit juste ; ceux qui prennent

22 Arnauld attaque ouvertement la position de Gassendi.

le mauvais parti, sont ceux qui ont l'esprit faux, et c'est la première et la plus importante différence qu'on peut mettre entre les qualités de l'esprit des hommes » (LPR, p. 35). Avoir l'esprit juste permet de bien choisir, et avoir l'esprit faux implique de mal choisir, donc de se tromper. La possibilité de se tromper ou de ne pas se tromper incombe désormais à l'homme. L'homme devient responsable de ses actions. Mais si nous rendons l'homme responsable de ses actions, c'est parce que nous l'avons également rendu capable d'effectuer ses propres actions.

DES VRAIES ET DES FAUSSES IDÉES

Dans le *Des Vraies et des Fausses Idées*, Arnauld critique deux aspects des idées que Malebranche défend. Premièrement, Arnauld se consacre à la question de la *nature des idées*. Pour Arnauld l'idée est l'élément constitutif de la connaissance puisqu'elle appartient à la première opération de l'esprit. L'idée, qui est *en nous*, doit, en ce sens, être la première manière de concevoir les choses. Pour Malebranche, qui quadri divise la connaissance des choses et place les idées comme étant la deuxième manière de connaître les choses[23], les idées semblent, dans le champ de la connaissance, plus limitées. C'est précisément la place accordée aux idées dans l'opération qui consiste à connaître le monde qui marque le désaccord profond entre Arnauld et Malebranche. Pour Arnauld, une connaissance qui ne s'origine pas avec les idées ne peut prétendre rendre un jugement vrai et, en conséquence, la connaissance qui s'ensuit ne peut être objective. Malebranche est du même avis. Ce qui distingue les deux amis, c'est la manière dont ils conçoivent l'origine de la connaissance. Pour Arnauld l'origine des idées se trouve *en nous*. Pour Malebranche, elle se trouve *en Dieu*. Désaccord théorique profond dont nous tenterons de montrer les implications philosophiques.

23 Malebranche considère qu'il y a « quatre manière de voir les choses » : « La première est de connaître les choses par elles-mêmes [...]. La seconde, de les connaître par leurs idées, c'est-à-dire, comme je l'entends ici, par quelque chose qui soit différent d'elles [...]. La troisième de les connaître par conscience ou par sentiment intérieur [...]. La quatrième, de les connaître par conjecture [...]. » (Nicolas Malebranche, *Recherche*, OCM, I, p. 7).

Dans un deuxième temps, et c'est ce qui fait à notre sens l'originalité de *Des Vraies et des Fausses Idées* par rapport à la *Logique*, Arnauld critique la théorie de la vision en Dieu, c'est-à-dire, la doctrine qui suppose que nous voyons les choses en Dieu en les voyant « dans une étendue intelligible infinie, que Dieu renferme » (VFI, p. 117). En s'attaquant à la théorie de la vision en Dieu des idées, Arnauld s'attaque en réalité à la théorie selon laquelle l'homme possèderait des idées qui sont celles de Dieu. L'implication philosophique immédiate concerne l'univocité de la connaissance entre l'homme et Dieu. Elle est dès lors refusée et dénoncée par Arnauld. Si Dieu n'est pas le lieu de nos idées, toute description d'un acte de connaissance ne fait intervenir, pour Arnauld, que deux substances, l'esprit qui connaît et l'objet connu. La connaissance humaine, même si elle est garantie par Dieu, en tant que cause efficiente des idées, ne dépend que de l'homme. Ainsi, si Arnauld refuse la vision en Dieu de nos idées, c'est parce que l'idée est considérée comme étant extérieure à l'esprit. Malebranche, distingue les idées prises en tant qu'êtres représentatifs des choses, de l'esprit apercevant ces choses. Cette distinction réelle oblige Malebranche à situer le lieu de ces êtres représentatifs, et il trouve ce lieu en Dieu. Mais pour Arnauld, l'idée ne peut pas s'appliquer de manière univoque aux hommes et à Dieu. Dieu n'intervient pas dans la connaissance humaine même s'il garantit cette connaissance. Comme le souligne Denis Moreau, en s'attaquant à la vision en Dieu entendue comme théorie de la connaissance, « les Vraies et fausses idées apparaissent comme une tentative pour construire un concept d'idée complètement épuré de ses origines théologiques et pour expliquer les phénomènes cognitifs humains de façon entièrement immanente » (Moreau, 2001, p. 25). Nous pensons toutefois qu'il n'est pas nécessaire d'attendre le *Des Vraies et des Fausses Idées* pour voir cette intention purement philosophique. En effet, nous pensons que l'immanence de la connaissance humaine constitue une des préoccupations majeures de la *Logique*. En réalité, cette immanence correspond à la condition même des deux ouvrages puisque c'est en elle que s'explique le geste cartésien ici repris par Arnauld.

L'activité de l'esprit humain, c'est-à-dire l'idée en tant qu'action, serait superflue si les idées se trouvaient en Dieu. Or, nous savons que dans son *Traité*, Malebranche défend la position selon laquelle les idées sont en Dieu. Il mine ainsi, aux yeux d'Arnauld, la possibilité de considérer le principe actif de la connaissance humaine. D'un point de vue strictement moral, en enlevant à l'homme l'origine de ses idées, Malebranche déculpabilise l'homme de ses erreurs. L'implication morale d'une telle conception est inacceptable pour Arnauld, car en se déculpabilisant de ses erreurs, l'homme se déculpabilise aussi de ses actions. C'est pourquoi, il répond dans le *Des Vraies et des Fausses Idées* « qu'il n'y a aucune raison de croire que notre âme soit purement passive, au regard de toutes ses perceptions, et qu'il est bien plus vraisemblable qu'elle a reçu de Dieu la faculté de s'en former plusieurs » (VFI, p. 214). Affirmer que nous avons la faculté de nous former nous-mêmes ces perceptions consiste alors à affirmer que l'homme est capable. Cette capacité entraîne dès lors sa responsabilité dans son acte de connaissance ce qui, d'un point de vue moral, signifie que l'homme se rend coupable ou responsable de la vérité ou de la fausseté de son jugement. Mais, si pour Arnauld, Dieu n'intervient pas dans le processus cognitif de l'homme, il est toutefois la garantie de ce processus. Cela veut dire que Dieu attribue à l'âme la possibilité de connaître, il est en ce sens la *cause efficiente* de la connaissance, mais la connaissance en tant que processus, est interne à l'esprit humain. Si Arnauld refuse de considérer que les idées de l'homme se trouvent en Dieu, c'est précisément parce que cela consisterait à considérer que l'entendement humain se confond avec l'entendement divin. Cette univocité de la connaissance, Arnauld la refuse catégoriquement. Désormais, si l'homme partage sa connaissance avec celle de Dieu, la seule conception possible de l'esprit humain ne peut être qu'en le considérant comme passif à l'égard des idées, à l'égard de la connaissance. Pour Arnauld, au contraire, l'opération complexe qui consiste à connaître est entièrement indépendante de Dieu. En ce sens, il défend la conception d'un esprit actif, ayant la possibilité de se former lui-même des perceptions.

Si l'intervention d'Arnauld peut se comprendre, à la manière dont le suggère H. Gouhier, comme « la volonté de rétablir la véritable théorie cartésienne des idées[24] », nous verrons toutefois qu'elle ne se limite pas seulement à réhabiliter la théorie des idées. En effet, s'il est évident que cette volonté est présente, c'est principalement parce que la théorie des idées de Malebranche comporte des implications théologiques et morales

24 Henri Gouhier, *Cartésianisme et Augustinisme au XVIIe siècle*, *op. cit.*, p. 127.

fondamentales pour Arnauld de sorte que s'il « ne s'est engagé dans une longue polémique contre Malebranche [c'est] parce qu'il était persuadé que les erreurs théologiques de l'Oratorien sur la grâce étaient dues à sa philosophie des idées et de leur vision en Dieu[25] ». Arnauld s'interroge donc sur les relations entre la conception de l'idée et la conséquence morale d'une telle conception. C'est le thème de la vision en Dieu des idées qui révolte Arnauld, car avec ce thème, Malebranche met en péril la religion. Ainsi, ce n'est pas seulement le problème de la connaissance qui se pose, mais c'est également celui de l'action morale, ce qui, comme l'observe Denis Moreau, « pour les gens du XVIIe siècle, pose directement la question du salut[26] ». Arnauld fait part de cette préoccupation dans le *Des Vraies et des Fausses Idées* à plusieurs reprises. Il considère en effet que le problème de la connaissance concerne « des connaissances purement naturelles, et non de la manière dont le Saint-Esprit nous éclaire dans l'ordre de la Grâce » (VFI, p. 214), il appelle donc, à celui qui est devenu désormais son adversaire, à la plus grande prudence[27]. Occasion de philosopher ou occasion de défendre les problèmes théologiques à l'aide de la philosophie, c'est en tout cas l'occasion pour nous de voir à l'œuvre un Antoine Arnauld portant l'habit du philosophe et du théologien en fonction de la sphère soulevée.

En rédigeant le *Des Vraies et des Fausses Idées*, Arnauld aborde, sans les confondre, ses préoccupations principales, c'est-à-dire théologiques et morales, avec la théorie des idées héritée de Descartes. En réalité, cette préoccupation est toutefois, de manière plus timide, présente dans les *Quatrièmes Objections*. C'est, à notre connaissance, seulement en 1662 avec la *Logique*, et en 1683 avec le *Des Vraies et des Fausses Idées*, qu'Arnauld systématise cette *manière de faire*. Le *Des Vraies et des Fausses Idées* tient à préciser que les erreurs de la théorie de la connaissance de Malebranche impliquent des conséquences non négligeables pour un théologien. Tandis que la *Logique* se focalisait surtout à nier l'origine sensible des idées, le *Des Vraies et des Fausses Idées* s'attèle à nier l'origine divine des idées pour

25 Aloyse R. Ndiaye, « Le statut des vérités éternelles dans la philosophie d'Antoine Arnauld : Cartésianisme ou Augustinisme ? », p. 283-321, dans *Antoine Arnauld, Philosophe, écrivain, théologien*, *op. cit.*, p. 283.

26 Denis Moreau, *Antoine Arnauld. Textes Philosophiques*, *op. cit.*, p. 34.

27 Arnauld demanda à Malebranche d'attendre sa lecture du Traité avant de le publier. Malebranche n'aura pas eu cette patience ce qui provoqua la réfutation publique d'Arnauld. Voir sur ce point Aloyse R. Ndiaye, *La philosophie d'Antoine Arnauld*, *op. cit.*, p. 99, note 2.

les placer dans la faculté humaine qu'est le jugement. Mais l'intention philosophique dans le fond reste la même : démontrer que ce n'est ni dans le monde sensible, ni en Dieu que nous devons retrouver le principe premier de la connaissance humaine, mais dans une opération humaine qu'Arnauld nomme « concevoir ». De plus, cette première opération permet de rendre compte au sein d'elle-même, par une abstraction de raison raisonnée, de deux opérations qui se déroulent en même temps, qui se conditionnent mutuellement. Le questionnement sur l'intériorité de la pensée et la mise en évidence formelle de deux réalités : la présentation en même temps que la représentation, constitue, à nos yeux, l'axe autour duquel s'édifie la théorie arnaldienne de l'idée.

Dès la *Logique*, Arnauld peut être considéré comme un philosophe de la représentation *par idée*. Mais il y a plus. Il peut être considéré comme un philosophe qui place en l'idée la présentation et la représentation en même temps. Ce faisant, Arnauld nous livre une conception de l'idée en tant qu'action de l'âme. Cette action consiste à rendre présent, dans un geste unique, la présentation et la représentation de la chose. Cette position se prolonge, et se confirme, dans le *Des Vraies et des Fausses Idées*. En effet, le *Des Vraies et des Fausses Idées* (1683) s'ajoute au corpus de la *Logique* en mettant l'accent sur la problématique de la vision en Dieu des idées. Les deux ouvrages d'Arnauld se complètent désormais pour consolider une théorie des idées dont nous pourrions souligner une originalité certaine. Elle serait originale, car elle prolongerait la théorie cartésienne en se soustrayant à une théologisation de la connaissance pour fournir à ses contemporains une théorie proprement philosophique de la connaissance : une connaissance immanente à l'homme.

PREMIÈRE PARTIE

THÉORIE DES IDÉES ET INTENTION PHILOSOPHIQUE DE LA *LOGIQUE OU L'ART DE PENSER* *(1662-1683)*

INTRODUCTION

Si l'intention consiste à élaborer une théorie des idées, nous verrons comment dans la *Logique* Arnauld et Nicole construisent, une théorie dont l'axe principal pivote autour de deux questions fondamentales : la *nature* (chap. I) et *l'origine* (chap. II) des idées. À ces deux questions, nous en avons ajouté une troisième qui ne figure pas directement dans les textes, mais qui, à nos yeux, permet d'éviter certaines confusions liées à la nature des questions ici soulevées. Nous analysons en effet ce qu'est la *cause* d'une idée (chap. III). Enfin, en respectant la cohérence des textes et des questions ainsi étudiées, nous proposerons une *définition* de l'idée (chap. IV).

Dans un premier temps, nous aborderons la consistance ontologique de l'idée telle qu'elle est développée au sein de la *Logique*. La théorie des idées qu'ils défendent se donne en effet, comme point de départ du questionnement, la *nature des idées*. La manière dont les auteurs apportent des réponses à cette question marque une prise de position philosophique radicale dans les débats de l'époque. La *Logique* se positionne en effet dans la veine cartésienne de la théorie des idées. Or, nous savons qu'en 1663, l'Église met les œuvres de Descartes à l'Index *« donec corrigantur »*. Descartes avait en effet des adversaires, et c'est précisément contre ces adversaires qu'Arnauld et Nicole prennent position[1]. À la suite de Descartes, la *Logique* défend la nature représentative de l'idée. En tant

1 Parmi les adversaires de Descartes, retenons surtout les objecteurs des Méditations. En ce qui concerne le présent travail, nous verrons que ce sont principalement les thèses défendues par Hobbes et Gassendi qu'Arnauld et Nicole combattent. Nous n'exposerons pas les théories de Hobbes, ni celles de Gassendi. Nous comptons nous tenir uniquement à la critique adressée à ces philosophes dans la *Logique*. Aloyse R. Ndiaye a raison de souligner que les Objections de Hobbes et de Gassendi constituent la première occasion pour Antoine Arnauld de débattre sur la problématique théorie des idées. « C'est le premier débat auquel prend part Arnauld sur la question des idées. Il l'oppose à Hobbes et à Gassendi. L'occasion se renouvellera avec Malebranche en 1683 » (Aloyse R. Ndiaye, *La Philosophie d'Antoine Arnauld*, *op, cit.*, p. 34).

que représentation, nous verrons que l'idée autorise la formation d'un jugement vrai. La nature de l'idée, c'est-à-dire l'idée en tant que représentation objective, correspond ainsi à la condition fondamentale dans le processus constitutif de la connaissance scientifique. Enfin, nous verrons que l'idée ainsi considérée permet d'établir les principes qui rendent la connaissance de Dieu possible.

Dans un deuxième temps, nous présenterons *l'origine des idées*. Cette approche génétique de l'idée repose, chez les auteurs, sur l'intention de contrecarrer la théorie sensualiste de Gassendi[2]. La prise de position à l'égard du sensualisme est en effet directement soulignée. Dès qu'Arnauld et Nicole affirment que « nous ne pouvons avoir aucune connoissance de ce qui est hors de nous que par l'entremise des idées qui sont en nous » (LPR, p. 63), ils se positionnent dans le débat philosophique de l'époque. L'opposition au sensualisme semble constituer par ailleurs le moteur qui alimente l'engrenage argumentatif de la *Logique*. Arnauld et Nicole accusent cette doctrine d'éloigner l'homme de la véritable connaissance scientifique. Pour Arnauld, cette théorie serait à l'origine de la précipitation du jugement, et par conséquent de l'erreur. Cette « philosophie absurde » (*ibid.*, p. 70), constitue donc un véritable danger à l'égard de la connaissance scientifique. Arnauld et Nicole montrent dès lors que la pureté de la pensée serait compromise avec les théories sensualistes. En effet, en considérant que les idées viennent des sens ou des images corporelles, le sensualisme postulerait que les choses « passent » premièrement par les sens, et qu'à partir d'un processus d'abstraction, elles deviennent des idées. Ce passage par les sens est contesté dans la *Logique*. Elle montre en effet que l'origine des idées se trouve *en nous*. En montrant qu'elles sont *en nous* et en considérant que ces idées représentent objectivement quelque chose, l'idée apparaît alors comme le résultat d'une « *abstraction d'esprit* » (LPR, p. 82). Étant *en nous*, elles ne présentent pas de traces corporelles, elles sont pures, sans restes[3]. En ce sens, et en opposition au sensualisme, Arnauld aurait transposé le

2 « C'est le sentiment d'un Philosophe qui est estimé dans le monde, et qui commence sa Logique par cette proposition : *Omnis idea ortum ducit à sensibus. Toute idée tire son origine des sens* », LPR, p. 69, souligné dans le texte.

3 Cette abstraction consiste à détacher de la chose ce qui la constitue dans son essence. L'essence est précisément ce qui se trouve dans l'esprit. L'idée ne porte pas sur les attributs des choses, mais l'abstraction de raison raisonnée rend compte que l'idée représente objectivement la chose, c'est-à-dire qu'elle représente son essence.

processus d'abstraction des sens au niveau des idées. Les idées sont *en nous* parce qu'elles s'engendrent par un processus de séparation ou de simplification au sein même de l'âme apercevant. Ceci signifie que la perception-représentation est une forme d'abstraction. *L'idée apparaît dès lors comme un abstrait de la chose, comme une chose immatérielle en nous qui représente objectivement la chose matérielle en dehors de nous.* En postulant un renversement du questionnement philosophique, la *Logique* se veut ainsi l'affirmation, et comme nous le verrons, le prolongement de la philosophie cartésienne. Chez Descartes, aussi bien que dans la *Logique*, l'étonnement philosophique correspond à un auto-étonnement, un étonnement de soi, qui, depuis l'enfance pour Descartes ou depuis le péché originel pour Arnauld, a été occulté et par conséquent oublié par le questionnement philosophique. Mais à cette absurdité philosophique, Arnauld et Nicole ajoutent l'absurdité religieuse que nous pouvons attribuer au sensualisme.

En reconnaissant que Dieu ne peut être conçu par les sens, le sensualisme propose une connaissance de Dieu par image, « nous concevons Dieu qui ne peut tomber sous le sens, sous l'image d'un vénérable vieillard » (LPR, p. 70). Mais, cette forme de connaissance, au lieu d'approcher l'homme de Dieu, elle ne fait que l'éloigner. En plaçant une image entre Dieu et le sujet connaissant, le sensualisme aboutit à une méconnaissance de Dieu. Désormais, la seule connaissance possible de Dieu, aux yeux d'Arnauld et de Nicole, correspond à la connaissance par idée. C'est en effet uniquement l'idée qui nous représente Dieu même, objectivement, et autorise la formation d'un jugement tel que « Dieu est éternel ». Concevoir Dieu consiste en effet à posséder (avoir *en nous*) une représentation objective de Dieu, qui rendrait possible sa connaissance.

Enfin, dans un troisième temps, même si la *Logique* ne nous livre pas de chapitre précis, nous analysons une troisième question : *la cause des idées*. Cet ajout est arbitraire, mais il répond à une troisième question philosophique fondamentale. Avec la question sur la nature de l'idée, nous répondrons à la question ontologique *qu'est-ce qu'une idée ?* Avec la question sur l'origine des idées, nous répondrons à la question génétique *d'où viennent nos idées ?* Avec la question sur la cause des idées, nous tâcherons de répondre à la question de causalité : *qu'est-ce qui est la cause de nos idées ?* Ainsi, même si l'idée est *en nous*, et que nous avons la capacité de la former, il convient encore de comprendre quelle est la *cause* de cette idée. Quelle est donc la *cause* de l'idée dont *l'origine* se trouve *en nous* ? En ajoutant cette dernière question au problème lié à la théorie des idées, nous serons désormais en mesure de concevoir l'idée de la théorie des idées. C'est en effet, dans l'objectif de former un jugement tel que « la théorie des idées est », qu'une étude sur la théorie des idées acquiert toute sa signification. C'est donc à partir de ces trois questions principales que nous articulerons ce premier chapitre. Elles nous permettront de proposer une *définition* de l'idée.

LA NATURE DE L'IDÉE

LA NÉCESSITÉ DE PENSER LA PENSÉE DANS SON RAPPORT À LA PENSÉE : LE CARACTÈRE RÉFLÉCHISSANT DE LA PENSÉE

Le problème de la nature de l'idée trouve son origine dans l'utilisation que Descartes en fait dans sa *Méditation Troisième*. Descartes est certainement le premier philosophe à utiliser le concept d'idée en tant que faculté humaine de connaissance,

> Je prends le nom d'idée pour tout ce qui est conçu immédiatement par l'esprit [...], je me suis servi de ce nom [idée], parce qu'il était déjà communément reçu par les philosophes, pour signifier les formes des conceptions de l'entendement divin, encore que nous ne reconnaissions en Dieu aucune fantaisie ou imagination corporelle ; et je n'en savais point de plus propre[1].

Avant Descartes la notion d'idée servait principalement à décrire l'entendement divin. Descartes transpose donc cette *faculté de conception* de l'entendement divin à l'entendement humain. Autrement dit, la faculté qui rend possible la connaissance de l'homme ne dépend plus de Dieu, elle ne dépend que de l'homme. L'idée, en tant que faculté humaine, devient désormais ce qui rend possible la connaissance humaine. La fécondité théorique du geste cartésien va marquer les débats philosophiques en théorie de la connaissance. Arnauld prend position dans ce débat dès les *Méditations Métaphysiques* en considérant que « nous ne pouvons avoir aucune connaissance de ce qui est hors de nous que par l'entremise des *idées qui sont en nous* » (LPR, p. 63, nous soulignons). L'idée se présente alors comme une chose immatérielle en nous sans laquelle il serait impossible d'avoir une connaissance de ce qui est hors de nous. Ce faisant,

1 AT, XII, p. 141 ; MM, *Troisièmes Objections et Réponses*, p. 305.

Nicole et Arnauld partagent sensiblement l'argument de Descartes qui considérait la même année de la publication de la *Logique*, que,

> Étant assuré que ne puis avoir aucune connaissance de ce qui est hors de moi que par l'entremise des idées que j'en ai eu en moi, je me garde bien de rapporter mes jugements immédiatement aux choses et de leurs rien attribuer de positif que je l'aperçoive auparavant dans leurs idées, et je crois aussi que tout ce qui se trouvent dans ces idées est nécessairement dans les choses[2].

La *Logique*, qui adopte la notion d'idée entendue comme une faculté humaine, expose une structure propre à la réflexion qui correspond aux quatre opérations de l'esprit humain : concevoir, juger, raisonner et ordonner. Concevoir signifie « la simple vue que nous avons des choses qui se présentent à notre esprit comme lorsque nous nous représentons un soleil, une terre, un arbre, un quarré, la pensée, l'être, sans en former aucun jugement exprès » (LPR, p. 59). Cette présentation d'objet à l'esprit n'est pas une présentation matérielle de la chose, en tant qu'opération de l'esprit, cette présentation est déjà une représentation, et « la forme par laquelle nous nous représentons ces choses, s'appelle *idée* » (*ibid.*). L'idée est donc la chose objectivement présente dans mon esprit, car, « au regard des idées [...] les choses que nous concevons sont *objectivement* dans notre esprit et dans notre pensée » (VFI, p. 68). Si les idées sont *en nous*, concevoir signifie alors *se* présenter l'idée qui se trouve *en nous*. La présentation de l'idée est alors *déjà* une représentation. *Se* présenter quelque chose en nous signifie en effet *se* représenter cette chose. Cette chose se trouve *déjà* en nous « et la forme par laquelle nous nous représentons ces choses, s'appelle *idée* » (LPR, p. 59). Par la première opération de l'esprit, Arnauld et Nicole soulignent deux rapports : celui de *se* présenter et de *se* représenter la chose. Mais ce qui doit être souligné, c'est qu'ils montrent que ces rapports sont internes à l'âme. Il s'agit en effet de *se* présenter la chose et de *se* représenter objectivement cette chose dans un geste unique qui consiste à penser.

En considérant *l'idée comme une faculté humaine*, et en soulignant que pour connaître les choses qui sont hors de nous, nous ne le pouvons « que par l'entremise des idées qui sont en nous », les auteurs de la *Logique*

2 René Descartes à Gibieuf, 19 janvier 1642, AT, III, p. 474.

soulignent, à la manière de Descartes, la nécessité d'un *retour sur soi*[3]. Il convient en effet de *se* consulter soi-même pour connaître le monde extérieur, « et ceux qui ne veulent pas voir ce que c'est qu'apercevoir les objets en *se consultant eux-mêmes*, je ne sais pas comment le leur faire mieux entendre » (VFI, p. 54). Dès lors, *se* présenter l'idée signifie que cette présentation soit déjà, et en même temps, une représentation. Nous verrons l'enjeu dans le *Des Vraies et des fausses Idées*. Dans la *Logique*, il s'agit de montrer que l'idée[4] est *en nous*, elle ne peut donc se confondre avec ce qui est hors de nous. La *Logique* propose désormais de *penser la pensée dans son rapport à la pensée*. Elle affirme en effet que les idées sont *en nous* et que nous devons les interroger, car « les réflexions que l'on peut faire sur nos idées, sont peut-être ce qu'il y a de plus important dans la Logique, parce que c'est le fondement de tout le reste » (LPR, p. 63). Le *Des Vraies et des Fausses Idées* confirme cette position en considérant que « notre *pensée ou* perception est essentiellement réfléchissante sur elle-même » (VFI, p. 73).

L'idée, en tant que présentation et représentation à soi des choses *en nous*, est alors une activité pure de l'esprit sur les choses imaginables, mais aussi sur les choses *inimaginables*. Elle n'est donc pas le résultat de l'imagination qui consiste à se représenter une chose sous une image corporelle, c'est-à-dire à se représenter des choses imaginables. Ainsi considérée, l'idée, en tant que condition de possibilité de la connaissance, élargit le champ possible de la connaissance, car elle permet de se représenter des choses incorporelles, d'aller au-delà de l'imagination, bornée à la représentation des choses corporelles. Elle permet également d'avoir l'idée de Dieu. L'imagination, au contraire, limite le champ de la connaissance aux seules images corporelles, car, « il est impossible de s'imaginer une pensée ni d'en peindre aucune image dans notre cerveau » (LPR, p. 66). Il est également impossible de se représenter une affirmation ou une négation. La distinction entre pensée et imagination dans une théorie de la connaissance avait déjà été remarquée par Arnauld dans les *Objections* adressées à Descartes en

---

3 Toutes les Méditations sont écrites à la première personne ce qui signifie que l'activité de la connaissance ne dépend que de l'homme.

4 Dans le *Second Discours* contenant la *Réponse aux principales objections qu'on a faites contre cette Logique*, les auteurs soulignent que le concept de pensée permet d'englober toutes les opérations de l'esprit : les simples idées, les jugements et les raisonnements sont donc des pensées.

1641. La proximité théorique entre Descartes et Arnauld est tellement voulue que ce dernier souligne qu'il

> approuve grandement ce que Monsieur Descartes dit touchant la distinction qui est entre l'imagination et la pensée ou l'intelligence ; et que cela a toujours été mon opinion, que les choses que nous concevons par la raison sont beaucoup plus certaines que celles que les sens corporels nous font apercevoir[5].

Arnauld se réfère précisément à la *Méditation Troisième*, où Descartes considère, après distinguer la représentation par image de la représentation par idées, que

> [Les idées] qui me représentent des substances sont sans doute quelque chose de plus, et contiennent en soi (pour ainsi parler) plus de réalité objective, c'est-à-dire participent par représentation à plus de degrés d'être ou de perfection, que celles [les images] qui me représentent seulement des modes ou accidents[6].

Ainsi, aussi bien Descartes que les auteurs de la *Logique* reconnaissent la genèse de la connaissance par les idées et non point par les sens. Ils considèrent que prétendre recevoir des sens ce qui constitue l'origine de la connaissance humaine est un préjugé, de sorte que si l'intention est d'établir une science certaine, il convient de nous en défaire. Mais tandis que Descartes considère qu'une connaissance par les sens est un préjugé qui remonte à notre enfance[7], la *Logique* attribue cette propension au péché originel. Ainsi, nous pouvons lire dans la *Logique* que

> l'homme depuis le péché s'est tellement accoutumé à ne considérer que les choses corporelles [...] que nous nous persuadons qu'il n'existe pas chez l'homme une pensée indépendante de ces images corporelles, ou, qu'il n'existe pas une 'pure intellection' (LPR, p. 65).

Il convient dès lors, et c'est l'intention de la *Logique*, de retrouver la pensée pure, c'est-à-dire de la rendre indépendante à l'égard du corps,

---

5 AT, IX, p. 161 ; MM, *Quatrièmes Objections* p. 329.

6 AT, IX, p. 31-32 ; MM, *Méditation Troisième*, p. 105.

7 « Il y déjà quelque temps que je me suis aperçu que, dès mes premières années, j'avais reçu quantité de fausses opinions pour véritables ». (AT, IX, p. 13 ; MM, *Méditation Première*, p. 58), et plus loin, que « tout ce que j'ai reçu jusqu'à présent pour le plus vrai et assuré, je l'ai appris des sens, ou par les sens : or j'ai quelquefois éprouvé que ces sens étaient trompeurs ». (AT, VII, p. 14 ; MM, *Première Méditation*, p. 59).

de revenir à l'homme d'avant la chute. Le résultat de la chute est tel que « la corruption d'Adam a passé en toute sa race[8] » rappelle Arnauld. Cette chute a modifié la fin première de la volonté qui aurait dû être l'amour de Dieu pour diriger cette fin vers l'amour de soi. L'égarement de la volonté du premier homme répercute donc sur la volonté de ses enfants. Mais sur le plan de la connaissance, Arnauld entrevoit la possibilité pour l'homme d'esquiver cette condamnation[9]. Ce n'est en effet que dans un effort de conversion, de détachement et de repli sur soi, que l'âme peut s'élever à la pensée pure et incorruptible[10]. Si la *Logique* se veut un ensemble de réflexions sur ce qui « se passe » dans notre esprit, c'est précisément parce qu'elle assume de prime abord que « nous concevons un très-grand nombre de choses sans aucune de ces images » (LPR, p. 65)[11]. Dès lors, une image est une référence corporelle de l'objet de la connaissance, elle est donc un simulacre, un double. En affirmant que nous ne concevons que des idées, la *Logique* permet dès lors d'éviter la faute du péché. Ainsi, si l'objectif de la *Logique* est de montrer que l'esprit est une substance *en nous* dont l'essence est de penser les choses en dehors de nous, la *Logique* n'a nullement besoin d'images.

L'idée, qui est la forme par laquelle nous nous représentons ces choses, est en même temps une opération de l'esprit qui autorise, au terme du processus cognitif, une *connaissance vraie*. Le mot « idée » comprend donc « tout ce qui est dans notre esprit, lorsque nous pouvons dire avec vérité, que nous concevons une chose, de quelque manière que nous la concevions » (*ibid.*, p. 67)[12] . Concevoir correspond, dans l'ordre de la

8 Antoine Arnauld, *Instruction sur la grâce, selon l'Écriture et les Pères*, OA, X, p. 404.

9 Cette possibilité n'en est une que du point de vue de la connaissance. D'un point de vue moral, l'aide divine est une nécessité. Arnauld défend en effet la nécessité pour l'homme, afin de retrouver le salut, de la Grâce efficace. Ce qui fait dire à Arnauld que le salut de l'homme est déterminé par la volonté de Dieu. Du point de vue de la connaissance, Arnauld considère que l'homme est capable de connaître par soi-même. L'efficace de Dieu consiste à donner à l'homme cette possibilité de connaître en lui donnant la faculté de se former lui-même les idées.

10 Nous sommes tentés de dire que la recherche de la pensée pure ou de la pure intellection est une pensée d'avant le péché originel. Il convient alors de comprendre que chez Arnauld nous avons deux conceptions différentes de l'homme. Une d'avant le péché, et une autre qui consiste à voir en l'homme les conséquences du péché.

11 Penser par image consisterait donc à penser en péchant. L'imagination fait partie de l'esprit, mais elle n'intervient pas dans le processus de connaissance.

12 Remarquons que cette définition est sensiblement proche de la définition cartésienne de l'idée. Dans une lettre adressée à Mersenne, Descartes souligne en effet qu'il

réflexion, à la première opération de l'esprit. L'idée apparaît alors comme le résultat d'un processus mental qui a éliminé ce qu'elle a de particulier pour retenir quelque chose de général. Cette chose générale est simple, et cette chose simple est l'idée. Dans une théorie des idées cette opération qui consiste à rendre simple quelque de complexe, est une abstraction de raison raisonnée, ou comme le dit Arnauld, une « abstraction d'esprit » (LPR, p. 82). Ayant enlevé ce qu'elles ont de particulier, nous retenons quelque chose de général. Cette chose est l'idée.

À cette conception de l'idée, Arnauld et Nicole ajoutent toutefois une remarque importante. Ils conditionnent la présence de tout ce qui peut être dans notre esprit à un jugement qui permet de communiquer que nous concevons une chose, de le « dire avec vérité ». Juger consiste donc à « dire avec vérité » ce qu'il s'agit de juger, c'est-à-dire, l'objet immédiat du jugement : les idées. Dans cette perspective, le jugement correspond au *processus discursif vrai des idées*. Dès lors, la représentation par image ne peut prétendre à la connaissance vraie de la chose représentée. Si l'homme adopte cette voie, il ne se rend pas seulement coupable de compromettre la connaissance scientifique, mais il rend également impossible la connaissance de Dieu. C'est en ce sens que l'homme se trompe[13]. Se représenter Dieu par image consiste alors à l'imaginer sous une forme corporelle, en considérant par exemple que c'est un « vénérable vieillard ». Mais en voyant Dieu sous cette image,

---

« appelle généralement du nom d'idée tout ce qui est dans notre esprit, lorsque nous concevons une chose, de quelque manière que nous la concevions » (René Descartes à Mersenne, juillet 1641, AT, III, p. 392-293 ; MM, *Lettres*, p. 544), et dans la *Méditation Troisième*, il souligne que « toutes les choses que nous concevons fort clairement et fort distinctement, sont toutes vraies » (AT, IX, p. 27 ; MM, *Méditation Troisième*, p. 95). Précisons que si elles sont vraies, c'est en fait parce que, en tant que naturellement claires et distinctes, elles rendent possible un jugement vrai, elles ne sont donc pas naturellement vraies.

13 Se tromper correspond à commettre une erreur au niveau du jugement. Mais comme Arnauld prétend que cette erreur est originaire du péché originel, il convient alors de comprendre que connaître par idée est un remède au péché originel. Ce genre de connaissance permet donc à l'homme de former un jugement *vrai* et en conséquence de *bien* conduire sa raison. Nous verrons que cette remarque d'Arnauld vise Malebranche dans le *Des Vraies et des Fausses Idées*. Malebranche se serait en effet fourvoyé en considérant les idées indépendamment de la perception de ces idées et en octroyant à ces idées indépendantes un statut d'être réel. La réalité de l'idée est dès lors assimilée par Arnauld à une image, de sorte que la philosophie de Malebranche est une « philosophie des fausses idées ». Nous verrons le plan sur lequel Arnauld articule la critique qu'il dirige à Malebranche au niveau de la deuxième partie.

nous ne sommes pas assurés de connaître Dieu, ni d'affirmer qu'il existe. Arnauld rappelle que,

> [...] au regard des idées [représenter] veut dire que les choses que nous concevons sont *objectivement* dans notre esprit et dans notre pensée [...]. Et c'est, comme j'ai déjà remarqué, ce qui a brouillé toute cette matière des *idées* de ce qu'on a voulu expliquer, par des comparaisons prises des choses corporelles, la manière dont les objets sont représentés par nos idées (VFI, p. 68, souligné dans le texte).

En ce sens, il suit la voie cartésienne. En effet, dans la *Méditation Troisième*, Descartes souligne que les choses que nous concevons clairement et distinctement ne sont « rien autre chose sinon que les idées ou les pensées de ces choses[14] ». Autrement dit, ce qui est représenté par l'idée est ce qui correspond à chaque objet de manière objective. L'idée est donc l'essence de la chose.

Les images, contrairement aux idées, rendent présent un objet par la présentation d'un autre objet. La représentation propre à l'imagination ne fournit donc pas la connaissance vraie de la chose puisque la chose n'est plus la chose elle-même, mais autre chose, un *substitut*. La seule connaissance possible que l'imagination peut fournir est une connaissance subjective. En tant que telle, elle ne peut prétendre à une représentation objective de la chose, et donc à une connaissance vraie. Si, au contraire, l'idée nous permet de connaître la chose, cela signifie que l'idée nous fournit l'essence même de la chose. Nous pouvons dès lors considérer que l'idée est une représentation spirituelle de la chose puisque la chose représentée par l'esprit est la chose même, en tant que chose objective : *se* représenter l'idée d'un triangle consiste à *se* représenter le triangle lui-même et le triangle en général. Au contraire, se représenter un triangle par image n'est pas possible objectivement. Il faudrait en effet s'accorder sur l'image qui conviendrait au triangle ci-présent, mais aussi au triangle en général. Remarquons qu'Arnauld reste fidèle à la théorie des idées défendue par Descartes. C'est en effet en considérant la modalité représentative de l'idée que Descartes l'oppose à la représentation imaginative quand il analyse le morceau de cire[15]. Descartes recommande en effet de considérer le morceau de cire « attentivement,

14 AT, IX, p. 28 ; MM, *Méditation Troisième*, p. 95.
15 AT, IX, p. 23-25 ; MM, *Méditation Seconde*, p. 83-87.

[en] éloignant toutes les choses qui n'appartiennent point à la cire[16] ». Ce qui reste, nous le savons, ne peut être conçu que par l'entendement, « je ne saurais pas même concevoir par l'imagination ce que c'est que cette cire, et qu'il n'y a que mon entendement seul qui le conçoive[17] ». Pour Descartes, l'imagination est incapable de représenter ce qu'est une chose de manière générale et moins encore de manière précise. C'est précisément cette distinction, entre les images qui présentent des choses à l'esprit, et les idées qui présentent et représentent en même temps la chose, qui est reprise dans la *Logique* et qui permet de rendre compte de la *nature* de l'idée.

La *nature* de l'idée permet alors de rendre compte de deux rapports immédiats et internes au processus cognitif : l'idée, en tant que représentation objective de la chose, et, en même temps, l'idée en tant que perception de l'objet. Arnauld et Nicole semblent donc réinstituer le questionnement philosophique au sein même de l'âme. Ce sont les rapports internes à l'âme qui intéressent les auteurs de la *Logique*, et plus particulièrement Arnauld dans le *Des Vraies et des Fausses Idées* où il souligne que les différentes réalités de l'âme ne sont pas réellement distinctes « ce ne sont point deux entités différentes, mais une même modification de notre âme qui enferme ces deux rapports » (VFI, p. 68). C'est dans ce déplacement du questionnement philosophique que s'explique le geste cartésien, et c'est précisément celui-là que la *Logique* défend et prolonge.

Mais si la pensée doit se comprendre dans son rapport à elle-même afin d'autoriser une connaissance vraie, nous devons franchir un deuxième pas si nous voulons communiquer cette pensée. Autrement dit, il convient de penser la pensée dans son rapport au langage. Celui-ci semble en effet correspondre à une nécessité de la pensée précisément parce que la pensée ne regarde pas uniquement celui qui pense. La pensée doit se confronter, exposer sa vérité. Mais elle ne peut le faire qu'en utilisant un outil : le langage. Or, l'utilisation de mots implique un rapport particulier avec la pensée.

16 AT, IX, p. 24 ; MM, *Méditation Seconde*, p. 85.
17 AT, IX, p. 24 ; MM, *Méditation Seconde*, p. 87.

LA NÉCESSITÉ DE PENSER LA PENSÉE DANS SON RAPPORT AU LANGAGE : LE CARACTÈRE DISCURSIF DE LA PENSÉE

> *Ce sera le mérite d'Arnauld d'avoir prolongé les remarques de Descartes sur les conséquences linguistiques de la définition de l'idée.* En acceptant d'examiner les problèmes du rapport au langage et de la théorie des idées, il affirme son originalité par rapport à Descartes[18].

Si l'idée est une opération de l'esprit qui autorise la formation d'un jugement vrai, cette autorisation implique un rapport fondamental au langage. En effet, l'idée se trouve dans notre esprit si, et seulement si, nous sommes autorisés à former un jugement vrai, c'est-à-dire seulement « lorsque nous pouvons *dire avec vérité*, que nous concevons une chose, de quelque manière que nous la concevions » (LPR, p. 67, nous soulignons). Dans cette perspective, il apparaît que nous ne pouvons rien « dire avec vérité » lorsque nous jugeons sans concevoir, c'est-à-dire lorsque nous parlons sans idées ou, lorsque nous parlons avec images. Ce n'est donc pas le langage qui nous apprend les choses. Ce ne sont ni les choses, ni les mots, mais les idées attachées à ces choses et à ces mots qui nous permettent de connaître, et

> [...] il s'ensuit que nous ne pouvons rien exprimer par nos paroles lorsque nous entendons ce que nous disons, que de cela même il ne soit certain que nous avons l'idée de la chose que nous signifions par nos paroles [...]. Car il y auroit de la contradiction entre dire que je sais ce que je dis en prononçant un mot, et que néanmoins je ne conçois rien en le prononçant que le son même du mot (*ibid.*)[19].

En effet, on ne peut pas dire que nous savons ce que nous disons uniquement parce que nous le disons. Par contre, nous pouvons dire que nous disons ce que nous savons, ou que nous exprimons par des

---

18 Aloyse R. Ndiaye, *La philosophie d'Antoine Arnauld*, *op. cit.*, p. 33. C'est l'auteur qui souligne.

19 Ici encore le texte se rapproche sensiblement de celui de Descartes quand il affirme que « nous ne saurions rien exprimer par nos paroles, que de cela même il ne soit certain que nous avons en nous l'idée de la chose qui est signifiée par nos paroles » (Descartes à Mersenne, juillet 1641, AT, III, p. 392).

mots ce que nous concevons par idée. Autrement dit, nous pouvons nous exprimer que parce que nous avons l'idée de la chose signifiée par le mot. C'est dans l'inclusion de la référence linguistique comme une nécessité pour la connaissance scientifique que réside le prolongement de la théorie des idées de Descartes. La connaissance par idée est préalable au langage, mais le langage permet de partager cette idée.

Pour Arnauld et Nicole, nous ne pouvons pas prononcer un mot sans avoir préalablement l'idée à laquelle le mot se rattache. Mais, si nous ne pouvons pas dire sans concevoir, il apparaît également que nous ne pouvons pas concevoir sans dire, car les réflexions que nous faisons sur nos pensées, ne concernent pas uniquement notre pensée. La *Logique*, en tant qu'ensemble de « réflexions que l'on peut faire sur nos idées » (*ibid.*, p. 63), ne concerne pas seulement les auteurs de l'ouvrage ; ces réflexions doivent être communiquées. La *Logique* se veut une contribution « à l'utilité publique » (*ibid.*, p. 41), « tant pour s'en instruire soi-même, que pour en instruire les autres » (*ibid.*, p. 59). Aussi, les auteurs soulignent que,

> [...] si les reflexions que nous faisons sur nos pensées n'avoient jamais regardé que nous-même ; il auroit suffi de les considérer en elles-mêmes, sans les revêtir d'aucunes paroles, ni d'aucuns autres signes (*ibid.*, p. 60).

Pour Arnauld et Nicole, les idées et les mots ne peuvent être réellement séparés du moment où nous partageons ces idées par le jugement. La pensée, tant qu'elle reste enfermée dans la pensée, ne présente pas la nécessité de se revêtir de paroles, mais dès que nous communiquons « nous ne pouvons faire entendre nos pensées les uns aux autres, qu'en les accompagnant de signes extérieurs » (*ibid.*). Pour les auteurs de la *Logique*, et plus particulièrement pour Arnauld, si la pensée est méditative, elle peut être communiquée[20], elle peut donc être discursive. Or, pour être communiquée, la pensée doit être accompagnée de signes extérieurs. Arnauld attribue cette nécessité de la pensée à l'habitude puisque, dit-il,

20 Les 43 volumes confirment donc la position philosophique d'Arnauld. Nous pouvons également expliquer son attrait pour la polémique. Voir Denis Moreau qui considère que la vérité de la pensée repose aussi sur un critère d'évidence qui semble être le jugement de l'autre. Denis Moreau pose la question de la manière suivante : « de quelle manière, dans l'ordre de la recherche et de la découverte de la vérité, l'*ego* doit-il intégrer son rapport à l'*alter-ego* ? » (Denis Moreau, *Deux cartésiens. La polémique entre Antoine Arnauld et Nicolas Malebranche*, Paris, éd. Vrin, p. 77).

« cette accoutumance est si forte, que quand nous pensons seuls, les choses ne se présentent à notre esprit qu'avec les mots dont nous avons accoutumé de les revêtir en parlant aux autres » (LPR, p. 60). Le mot apparaît comme une habitude de l'idée, comme son vêtement.

La nature du lien entre le mot et l'idée est expliquée dans la *Logique*, comme étant essentiellement habituelle, au point que, mêmes seuls, nous usons de ces mots pour penser, car penser consiste, dans un premier temps, à *se* communiquer. La pensée est en effet une activité intérieure à l'homme. Arnauld et Nicole concluent donc qu'« il est nécessaire dans la Logique de considérer les idées jointes aux mots, et les mots joints aux idées » (LPR, p. 60). Cette nécessité rend compte de l'importance discursive de la pensée dans le processus qui consiste à connaître, de sorte que l'idée et le mot doivent effectivement être considérés ensemble. Le langage apparaît désormais comme un élément fondamental dans la théorie des idées proposée par les auteurs de la *Logique*. Mais loin de considérer le langage comme une nécessité positive de la pensée, Arnauld et Nicole semblent l'envisager comme une fatalité dont il s'agira précisément de trouver les moyens pour éviter la précipitation du jugement. Toutefois, cette référence communicative de la pensée ne compromet en rien l'indépendance de la formation purement intellectuelle de la pensée. Au contraire, le recours au langage se fait ici pour affirmer l'autonomie de la pensée par rapport au langage même. Si la pensée, en tant que faculté de connaître et de communiquer le vrai, est essentiellement une communication interne, elle ne peut s'extérioriser que par des mots et par des signes. La pensée pure existe, elle précède et détermine d'ailleurs la communication, mais pour extérioriser cette pureté, elle doit recourir à des signes extérieurs.

Le langage devient ainsi l'outil par lequel la pensée pure peut se communiquer. Arnauld et Nicole considèrent en effet que l'intention de la *Logique* est

> […] *de bien penser*, d'entendre les divers usages des sons qui sont destinés à signifier les idées, et que l'esprit a de coutume d'y lier si étroitement que l'une ne se conçoit guere sans l'autre ; en sorte que l'idée de la chose excite l'idée du son, et l'idée du son celle de la chose (LPR, p. 143, souligné dans le texte).

Si le langage est un outil par lequel la pensée peut se communiquer, il n'intervient aucunement dans le processus de la pensée. Même si le mot est attaché à l'idée, il lui est extérieur. Pour la *Logique* en effet, « les mots sont des sons distincts et articulés, dont les hommes ont fait des signes pour marquer ce qui se passe dans leur esprit » (*ibid.*). Le mot n'intervient donc pas dans la formation de ce qui se passe dans l'esprit, son utilité consiste exclusivement à « marquer » la pensée.

Si la pensée est fondamentalement méditative, intimité absolue, pour être partagée, elle doit s'extérioriser. Elle est, en tant qu'elle procure une connaissance de ce qui est hors de nous en passant par ce qui est *en nous*, ouverture vers l'extériorité. Cette ouverture vers le monde extérieur implique l'utilisation d'un outil : le signe. L'esprit n'est donc pas un communicant, mais il n'est pas nécessairement enfermé dans les frontières du *Cogito*, il peut se faire communiquer à l'aide des signes. Dans la *Grammaire*, Arnauld et Lancelot indiquent que parler consiste à

> expliquer ses pensées par des *signes* que les hommes ont inventés à ce dessein. On a trouvé que les plus commodes de ces *signes* étaient les sons et les voix [...]. Ainsi, l'on peut considérer deux choses dans ces *signes* : la première ce qu'ils sont par leur nature, c'est-à-dire en tant que sons [...]. La seconde, leur signification, c'est-à-dire la manière dont les hommes s'en servent pour signifier leurs pensées (GGR, p. 27, nous soulignons).

L'essence du signe est double. Le signe est un son et il est, en même temps, une signification. Si le signe est refusé comme étant originaire du processus de connaissance, il est sollicité pour communiquer cette connaissance. La double essence du signe s'acquiert une fois le processus cognitif achevé. Le signe est de prime abord un son. Il ne devient signifiant qu'avec la connaissance qui *veut* s'extérioriser, c'est-à-dire, seulement lorsqu'il est sollicité. C'est parce qu'il y a signification que le signe est un signifiant. Le signe est désormais toujours le signe de quelque chose, et c'est parce qu'il y a signe que ce quelque chose peut être communiqué. Le mot apparaît dès lors pour la pensée comme un navire qui navigue sur les flots de la communication sensible sans pourtant entacher la pureté de la pensée.

Le langage permet donc de rendre compte l'intention de signifier, propre à la pensée. Il « marque » en effet l'intention de la pensée d'être communiquée. Le langage correspond à l'extériorisation de la pensée, et en ce sens, il est une forme d'action. En effet, il agit sur les autres, sur le monde. Mais la forme de cette action, en tant que vêtement de la pensée, est fondamentalement déterminée par la manière dont la pensée se forme. Ce qui explique que le langage *bien parlé* ne peut être imputé à la langue, mais à une bonne application du jugement : il correspond à un langage *raisonné*. Le *bien parlé* est effectivement déterminé par le *bien conduire sa raison*.

Le mot est ce qu'on ajoute de l'extérieur de l'idée à l'idée pour l'extérioriser. Mais, si nous acceptons le mot comme un outil extérieur qui permet de revêtir la pensée sans la corrompre, il convient de saisir pourquoi ce mot précis extériorise cette idée précise, et pourquoi pas une autre. La *Logique* répond « qu'il a plu aux hommes de marquer de certains noms » (LPR, p. 69) les idées qu'ils ont dans l'esprit et qu'ensuite, les hommes se sont accoutumés. Même si la réponse étonne par sa simplicité, accordons à Arnauld et à Nicole que, de leur point de vue, l'accord d'un mot à une idée ne pouvait pas résulter d'une coïncidence naturelle, cette relation ne pouvait être qu'arbitraire : le fruit de l'intervention humaine. L'accord arbitraire d'une idée à un son permet de contrecarrer la théorie de Hobbes. La théorie qui soutient cet accord s'inscrit donc dans une querelle philosophique autour des idées. Hobbes soutient que connaître consiste à voir « si nous assemblons bien ou mal les noms des choses selon les conventions que nous avons faites à notre fantaisie touchant leurs significations » (*ibid.*, p. 68). Arnauld et Nicole considèrent au contraire que l'arbitraire ne dépend pas de la fantaisie des hommes, mais il dépend d'un « jugement solide et effectif de la nature des choses » (*ibid.*, p. 69). Le langage n'est pas le résultat d'une fantaisie de l'esprit, il résulte d'un processus de la raison : nous parlerons d'un langage raisonné.

LA NÉCESSITÉ DE PENSER LE LANGAGE DANS SON RAPPORT À LA PENSÉE : LE CARACTÈRE RAISONNÉ DU LANGAGE

Maintenant, si nous considérons que le signe est originaire de la connaissance[21], le jugement ne pourra alors porter sur quelque chose de clair et distinct et la connaissance objective serait dès lors compromise. Le signe est en effet quelque chose de complexe : il est son et signification. Il est donc un support matériel d'un contenu spirituel. Les idées sont, *par nature*[22], claires et distinctes. Sur les signes il convient d'opérer une abstraction afin de dégager sa signification. Si les idées sont claires et distinctes par nature, ce n'est précisément parce qu'en elles, rien n'a encore été ajouté, aucune valeur apophantique. Les signes sont porteurs de cette valeur. Si le processus cognitif est compromis, ce n'est pas parce que les idées sont fausses, mais « toute l'erreur ne vient que de ce que nous jugeons mal » (LPR, p. 118). En effet, la première opération de l'esprit *qui peut s'égarer* c'est le jugement. En ce sens, ce ne sont pas les idées qui sont vraies ou fausses puisque l'opération qui consiste à concevoir ne forme « aucun jugement exprès » (*ibid.*, p. 59). L'opération d'abstraction ne procure en effet aucune valeur de vérité ou de fausseté ni à la chose abstraite, ni à l'abstrait de la chose. Descartes, dans sa *Troisième Méditation*, considère également que les idées ne peuvent être ni vraies ni fausses. Il attribue l'erreur au jugement qui considère « que les idées qui sont en moi sont semblables ou conformes à des choses qui sont hors de moi[23] ». Descartes et les auteurs de la *Logique* supposent alors que si nous prenions nos idées comme des réalités pré-apophantiques *en nous*, elles ne peuvent être ni vraies, ni fausses. Si nous voulons considérer les idées d'un point de vue apophantique, nous dirons alors qu'elles sont neutres.

La confusion des idées, c'est-à-dire cette opération qui consiste à prendre une image pour une idée et de juger cette image, est donc entièrement imputable à l'homme, car c'est lui qui a « ajouté ses faux

21 Arnauld pense à Hobbes et aux *Troisièmes Objections* adressées à Descartes.

22 Par « *nature* », c'est-à-dire avant toute intervention humaine.

23 AT, IX, p. 29 ; MM, *Méditation Troisième*, p. 99.

jugements à ce que la nature lui fait connaître » (LPR, p. 103). Bref, si l'idée est simple, le jugement ne peut être que vrai ; si l'idée est complexe, c'est-à-dire si elle est un signe ou une image, le jugement sera faux. Mais nous sommes en droit de nous demander qui garantit que les idées soient claires et distinctes. Pour Descartes, si nous considérons les idées comme le point de départ de la connaissance scientifique, « il ne se peut faire que je me trompe ; parce que toute conception claire et distincte est sans doute quelque chose de réel et de positif, [...], [et] doit nécessairement avoir Dieu pour son auteur[24] ». Arnauld, qui suit le développement cartésien, considère aussi cette impossibilité de se tromper à partir du moment où nous concevons des idées, car toute idée est une représentation objective de la chose elle-même, et cette chose représente l'ouvrage de Dieu. Si nous considérons la fausseté de l'idée par nature, nous nions en même temps que la nature des choses soit vraie. Or, la nature des choses ne peut être ni vraie, ni fausse : la nature est pré-apophantique et antéprédicative. Il convient par conséquent de considérer la valeur apophantique de l'idée comme arbitraire et non point comme naturelle. Au contraire, une image n'autorise pas un jugement vrai, en ce sens, la fausseté du jugement trouve son origine dans la précipitation du jugement sur des objets autres que des idées.

Si nous considérons que la main blessée – une image de la douleur – représente la douleur, nous ne voyons pas pourquoi le pied blessé – autre image de la douleur – ne pourrait pas aussi représenter la douleur. Nous ne pouvons donc pas enfermer la « douleur » dans la main, ni dans le pied blessé, c'est-à-dire dans aucune image. Et même si l'idée de douleur comprend la douleur de la main blessée, elle comprend également la douleur du pied blessé. L'idée de la douleur comprend en effet toutes les images de la douleur. L'idée de douleur permet alors de comprendre, non pas une douleur subjective (imaginée), mais plutôt une douleur qui convient à toutes les douleurs subjectives (imaginées), c'est-à-dire une douleur objective. L'idée de douleur représente en effet la douleur en elle-même. La douleur ne peut donc se trouver dans quelques images subjectives, elle n'est « que dans notre esprit » (LPR, p. 101) de manière objective. En se référant à saint Augustin, Arnauld souligne que « les douleurs qu'on appelle corporelles, ne sont pas du corps, mais de l'ame

24 AT, IX, p. 49-50 ; MM, *Méditation Quatrième*, p. 151.

qui est dans le corps, et à cause du corps » (LPR, p. 103). Du point de vue d'une théorie cognitive, l'idée de douleur élargit ainsi le champ de la connaissance, car elle inclut en elle-même toutes les douleurs possibles. L'idée de douleur comprend alors la présentation et la représentation de *la* douleur. Elle autorise dès lors la formation d'un jugement vrai, de raisonner, et enfin, de communiquer.

Nous pouvons donc affirmer que les représentations subjectives, telles que les images, sont des idées confuses et obscures. Dès lors, les « fausses idées », c'est-à-dire « les idées confuses et obscures sont celles que nous avons des qualités sensibles » (LPR, p. 102). Autrement dit, les fausses idées sont celles qui nous représentent une chose sensible non pas comme une manière d'être de l'esprit, mais comme une manière d'être de la chose sensible. Cette intrusion du sensible dans le processus cognitif entache la pureté même de ce processus, autrement dit, elle compromet l'activité pure de l'intellection.

Mais quelle est la cause de cette confusion ? Autrement dit, comment se fait-il que l'homme puisse prendre une image pour une idée et prétendre former un jugement ? Pour les auteurs de la *Logique*,

> [...] la nécessité que nous avons d'user de signes extérieurs pour nous faire entendre, fait que nous attachons tellement nos idées aux mots, que souvent nous considerons plus les mots que les choses. Or c'est une des causes les plus ordinaires de la confusion de nos pensées et de nos discours (LPR, p. 117).

Ce passage est révélateur, car il attribue l'erreur au jugement et non point au langage. Ce qui intéresse Arnauld, ce n'est pas seulement de révéler le langage comme ce qui occasionne l'erreur, mais il veut aussi donner au jugement la possibilité d'esquiver ce qui dans le langage, le confond. Le langage est donc cause de l'erreur ; le jugement apparaît comme *coupable* de prendre les images ou les signes (le complexe) pour des idées (le simple) et par conséquent de livrer une connaissance qui ne peut être que fausse. Ce n'est donc pas le langage qui compromet la connaissance scientifique, mais en tant qu'élément qui rend possible cette compromission, il convient de protéger le jugement. Arnauld et Nicole semblent dénoncer la crise du jugement : l'homme juge faux.

Le langage ne compromet donc en rien la pureté de la pensée. Mais là où le langage peut compromettre l'intellection pure, c'est quand les signes sont pris pour la signification, tandis qu'ils ne sont que les véhicules de la signification. Le langage porte la signification, mais nous ne devons pas confondre le porteur avec ce qu'il porte, et c'est précisément de cette confusion que le jugement se rend coupable. Pour faciliter donc le travail du jugement, pour lui apporter un remède, pour le réhabiliter, Arnauld et Nicole concluent en la nécessité de créer un langage qui évite au jugement de confondre le porteur de la signification avec la signification elle-même. Autrement dit, le projet de la *Logique* consiste à admettre la faiblesse du jugement à l'égard du langage, et par conséquent de trouver une méthode pour qu'il ne puisse pas s'égarer.

À partir du moment où nous communiquons, le signe ne peut être confondu avec la pensée puisque c'est la pensée qui rend possible un signe en attribuant une signification à un son. *Le cycle de la connaissance* redémarre donc avec la communication, non pas parce que la communication devient un élément propre à l'élaboration de la connaissance, mais parce qu'elle oblige, une fois la connaissance acquise, de se *ressouvenir* de ce même processus afin de *dégager* du signe ce qui est sa signification, c'est-à-dire afin de *détacher* de la « nouvelle chose », son idée. C'est la raison pour laquelle l'opération qui consiste à faire l'effort de distinguer les idées claires et distinctes des signes correspond à un effort constant de l'esprit. Cet effort ne s'arrête point à la connaissance de la chose, il se perpétue donc dans la communication de la chose. Nous pouvons dire que c'est à cause de la communication que cet effort continu de la pensée pour maintenir une pure intellection est indispensable. Le signe est en effet une chose composée de son et de signification, il est donc complexe. Or, la connaissance commence avec la conception de natures simples, des essences, c'est-à-dire en partant des idées claires et distinctes. Il convient alors, à l'égard du signe, qui est de nature complexe, de *dégager* ce qui est en lui clair et distinct, simple, essentiel. Cet effort est le seul qui peut garantir la pureté de la pensée.

La *Logique* se veut en ce sens aussi bien une critique du langage qu'une réhabilitation du jugement. L'esprit doit constamment dégager ce qui, de ce signe, ne correspond pas à sa signification pour comprendre la signification en tant que telle[25]. Nous comprenons pourquoi la *Logique*

---

25 L'effort de l'esprit consiste alors à appliquer une abstraction de raison raisonnée. Il s'agit en effet d'abstraire du son sa signification.

se veut une critique du langage. Ce dernier est en effet à l'origine de la confusion de la pensée, et le travail de mise entre parenthèses constant, de ce qui n'appartient pas au signe, semble être une opération impossible à réaliser. En effet, il serait impossible de distinguer à chaque instant, de chaque signe, quelle serait sa signification, surtout si nous considérons que le langage est composé d'une infinité de signes possibles. Ainsi, en tant que nécessité négative, il faut « faire avec le langage » et pour éviter l'impossible *abstraction* éternelle, Arnauld et Nicole proposent « de faire une nouvelle langue, et de nouveaux mots qui ne soient attachés qu'aux idées que nous voulons qu'ils représentent » (LPR, p. 120). Cette intention consiste donc à épurer du signe ce qui n'est pas de l'ordre de la signification et s'inscrit dans une optique que Marc Dominicy qualifie de « réformes des langues[26] » : soumettre le langage à l'abstraction de raison raisonnée. Descartes considérait déjà, dès 1629, qu'une langue universelle serait « fort aisée à apprendre, à prononcer et à écrire, et ce qui est le principal, qui aiderait au jugement, lui représentant si distinctement toutes choses qu'il lui serait presque impossible de se tromper[27] ». Cette « nouvelle langue » dont le projet correspond également à l'intention de la *Grammaire générale et raisonnée* puisqu'elle se propose d'exposer, d'une part, les principes généraux sur lesquels les différentes langues reposent, et d'autre part, elle s'efforce de montrer que ces principes sont raisonnés, c'est-à-dire qu'ils sont fondés sur une méthode permettant de distinguer l'idée claire et distincte de l'idée obscure et confuse, correspond alors à une langue abstraite. En ce sens, elle serait simple et distincte, en adéquation constante avec ce qu'elle signifie : une langue sans les aléas de la langue.

Arnauld souligne « que la connaissance de ce qui se passe dans notre esprit est nécessaire pour comprendre les fondements de la grammaire » (GGR, p. 49). Pour Arnauld et pour Nicole, il convient d'appliquer la distinction des idées claires et distinctes des idées obscures et confuses au niveau du langage. Il s'agit donc de *penser la langue toujours dans son rapport à la pensée*, c'est-à-dire toujours en fonction des principes raisonnés. Cette distinction, appliquée au langage, devient une distinction entre

26 Marc Dominicy, *La Naissance de la Grammaire Moderne*. Langage, logique et philosophie à Port-Royal, Bruxelles, éd. Mardaga, 1984, p. 98.

27 René Descartes à Mersenne, 20 novembre 1629, AT, I, p. 81. Voir Antoine Arnauld, *La Logique ou l'Art de Penser*, éd. Clair et Girbal, Paris, éd. Vrin, p. 386, note 98.

la définition du mot et la définition de la chose. C'est en effet, de la pensée « que dépend la diversité des mots qui composent le discours » (GGR, p. 49). Arnauld enracine ainsi le sens des choses dans l'activité antéprédicative du sujet connaissant. Arnauld et Nicole prolongent donc l'abstraction de raison raisonnée opérée au sein de la pensée, au niveau du langage où il s'agit de distinguer l'idée du signe. Ainsi, si la pensée doit se comprendre dans son rapport à elle-même, le prolongement de cette théorie au langage implique la nécessité de penser la langue dans son rapport à la pensée. Arnauld propose dès lors une théorie de la définition comme le résultat d'une abstraction de raison raisonnée.

La définition du mot permet, tout en empêchant que le signe soit pris pour une idée, d'attacher ce mot à une idée précise, c'est-à-dire à une idée claire et distincte, à son essence. La définition de la chose, au contraire, ne permet pas de retrouver cette essence, car elle implique que d'autres idées soient contenues dans sa définition, et donc d'autres mots. En ce sens, la définition de la chose est complexe, elle n'est donc pas claire et distincte et, par conséquent, elle ne peut viser une connaissance objective de la chose. La définition des mots permet, au contraire, « de faire comprendre nettement de quoi il s'agit, afin de ne pas disputer inutilement sur des mots que l'un entend d'une façon, et l'autre de l'autre, comme on fait si souvent » (LPR, p. 123-124), et ce, précisément parce « qu'on attache à un seul mot l'idée qu'on a conçue, qui par ce moyen tient lieu de tous les autres » de sorte que, chaque fois qu'on utilise un mot préalablement défini, il « faut *substituer mentalement* la définition à la place du défini » (*ibid.*, p. 124, nous soulignons). Il s'agit donc d'une activité de substitution mentale. Autrement dit, si nous donnons une définition du mot qui signifie quelque chose, c'est-à-dire si nous lui attribuons une essence, nous définissons mentalement en même temps toutes les choses composées par cette essence. Ainsi, si la Logique nous conditionne à « considérer les idées jointes aux mots, et les mots joints aux idées » (*ibid.*, p. 60), c'est précisément parce que, « ces deux choses [sont] tellement jointes et inséparables dans la pensée, qu'aussitôt que le discours en exprime l'une, *l'esprit y attache immédiatement l'autre* » (*ibid.*, p. 124, nous soulignons). Les auteurs de la *Logique* expriment clairement qu'il s'agit de joindre le mot à l'idée et non pas la chose à l'idée. Ceci est important, car du moment où nous sommes en possession du nom de la chose, nous sommes en même temps en possession de toutes les choses comprises sous ce nom. Mais, si nous sommes en possession de la définition de la chose, nous n'aurions que cette chose comprise sous cette définition. La chose ne peut donc être jointe à l'idée, car l'idée ne représente pas une seule chose, elle représente au contraire toutes les choses comprises dans l'idée de chose.

Mais qu'est-ce qui justifie cette intention de réhabiliter le jugement ? Selon Arnauld, la *Logique* est une nécessité qui s'explique par la rareté de l'« exactitude du jugement » (*ibid.*, p. 36). Arnauld dénonce la précipitation du jugement. La *Logique* vient donc combler une crise de la conscience philosophique qu'Arnauld semble en même temps dénoncer :

> On ne rencontre par-tout que des esprits faux, qui n'ont presqu'aucun discernement de la vérité, qui prennent toutes choses d'un mauvais biais, qui se payent des plus mauvaises raisons ; et qui veulent en payer les autres ; qui se laissent emporter par les moindres apparences ; qui sont toujours dans l'excès et dans les extrémités ; qui n'ont point de serres pour se tenir fermes dans les vérités qu'ils savent, parce que c'est plutôt le hasard qui les y attache, qu'une solide lumière : ou qui s'arrêtent au contraire à leur sens avec tant d'opiniâtreté, qu'ils n'écoutent rien de ce qui les pourroit détromper ; qui décident hardiment ce qu'ils ignorent, ce qu'ils n'entendent pas, et ce que personne n'a peut être jamais entendu ; qui ne font point de différence entre parler et parler, ou qui ne jugent de la vérité des choses que par le ton de la voix ; celui qui parle facilement et gravement a raison : celui qui a quelque peine à s'expliquer, ou qui fait paroître quelque chaleur, a tort (LPR, p. 36).

Il convient donc de guérir cette faute de jugement dont les hommes semblent être accoutumés. Cela est important, car l'erreur de jugement empêche le développement scientifique[28], mais « autant que cette correction est souhaitable, autant est-il difficile d'y réussir » (LPR, p. 37), car « le peu d'amour que les hommes ont pour la vérité, fait qu'ils ne se mettent pas en peine la plupart du temps de distinguer ce qui est vrai de ce qui est faux » (*ibid.*, p. 37-38). Ainsi, puisque

> [...] l'esprit se laisse quelquefois abuser par de fausses lueurs, lorsqu'il n'y apporte pas l'attention nécessaire, et qu'il y a bien des choses que l'on ne connoît que par un long et difficile examen, il est certain qu'il seroit utile d'avoir des regles pour s'y conduire de telle sorte, que la recherche de la vérité en fût et plus facile et plus sûre ; et ces regles sans doute ne sont pas impossibles (*ibid.*, p. 40).

---

28 C'est également l'intention de Descartes dans les *Méditations Métaphysiques.*

L'ensemble de ces règles correspond précisément à la *Logique*. La *Logique* permettrait d'éviter l'erreur du jugement. Elle y apporte, en effet, et c'est la volonté des auteurs, des remèdes pour guérir cette crise. Si l'esprit se laisse abuser, la possession d'une méthode est une nécessité. Si les auteurs soulignent « la fausseté de deux opinions très-dangereuses qui ont été avancées par des Philosophes de ce temps » (*ibid.*, p. 67), c'est précisément pour dénoncer cette compromission de la science à laquelle pourtant ces philosophes sont également attachés. Ils se réfèrent à Hobbes et à Gassendi. À leurs manières, ces derniers ont placé le langage ou les sens comme fondements de la connaissance, et dans cette perspective, ils ont, tous deux, hypothéqué cette connaissance. En effet, en considérant le langage comme premier, Arnauld et Nicole ne voient pas bien comment le jugement pourrait opérer sans se tromper. Dans la *Grammaire*, Arnauld défend clairement cette position. Il considère qu'il faut comprendre « auparavant ce qui se passe dans nos pensées, puisque les mots n'ont été inventés que pour les faire connaître » (GGR, p. 49).

PENSER LA PENSÉE ET LE LANGAGE DANS LE RAPPORT À DIEU

Aussi, si au lieu de s'originer par les idées, la connaissance commence par le langage,

> […] en prononçant le nom de Dieu, nous n'en concevrions que ces quatre lettres, D, i, e, u et un François n'auroit rien davantage dans l'esprit en entendant le nom de Dieu, que si entrant dans une Synagogue, et étant entièrement ignorant de la langue hébraïque, il entendoit prononcer en hébreu Adonaï, ou Eloha (LPR, p. 67).

Ce français n'aurait donc pas l'idée de Dieu en entendant le mot « Dieu » en une autre langue, car ce qu'il sait de Dieu serait enfermé dans les lettres D, i, e, u. Or, le support matériel ou sensible ne nous donne rien sur la signification de cette chose. Autrement dit, si le mot « Dieu » enfermé en lui-même ne veut rien dire, et que pourtant il enflamme les âmes, c'est précisément parce que le mot « Dieu » est attaché à une idée, et plus précisément à l'idée de Dieu. Ce n'est donc pas parce que les hommes ont usé de ce mot – en tant qu'il est composé de quatre lettres ou de deux syllabes – pour prendre le nom de Dieu qu'ils ont été condamnés. La condamnation n'aurait été que langagière. Mais c'est précisément parce que ce mot est attaché à une idée que ces hommes ont été condamnés. Autrement dit, si nous savons que Dieu est, c'est parce que nous avons « l'idée de Dieu », c'est-à-dire, nous avons l'idée « qu'il n'y en a qu'un : qu'il est éternel, tout-puissant, tout bon, tout sage » (LPR, p. 67). Chez Descartes, la connaissance de l'existence de Dieu provient également de l'idée de Dieu. Il considère en effet que « l'idée d'un être complet et indépendant, c'est-à-dire de Dieu, se présente à mon esprit avec tant de distinction et de clarté [...], [que] je conclus si évidemment l'existence de Dieu[29] ». Conclure l'existence de Dieu signifie chez Descartes que l'idée de Dieu, étant claire et distincte, a autorisé le jugement « Dieu est complet et indépendant... ». Ainsi, la proposition « Dieu est... », est conditionnée par le fait que nous avons l'idée claire et distincte de Dieu. C'est cette idée qui autorise cette proposition. En effet, nous avons l'idée de Dieu en tant que cette idée nous représente Dieu lui-même, mais aussi, si nous considérons le schéma de la connaissance, cette idée rend possible le jugement « Dieu est éternel, tout-puissant, tout bon, tout sage ». La connaissance de l'existence de Dieu, qui veut dire que nous jugeons que « Dieu est éternel... », est fondamentalement déterminée par l'idée préalable de Dieu, c'est-à-dire par la représentation de Dieu même, « non pas que ma pensée puisse faire que cela soit de la sorte, et qu'elle impose aux choses aucune nécessité ; mais, au contraire, parce que la nécessité de la chose même, à savoir de l'existence de Dieu, détermine ma pensée à le concevoir de cette façon[30] ». Le langage qui va véhiculer cette connaissance de l'existence de Dieu n'intervient que quand la pensée de Dieu s'apprête à s'extérioriser.

Dans la connaissance de l'existence de Dieu, l'idée représente donc objectivement Dieu, c'est pourquoi elle rend possible un jugement vrai de Dieu tel que « Dieu est éternel... ». Mais les auteurs de la *Logique* introduisent une difficulté quand ils soulignent que « l'idée qui est en nous du Souverain Être [...] ne convient qu'au seul vrai Dieu » (LPR, p. 68). Ce passage est en effet délicat, car, si les idées sont neutres,

29 AT, IX, p. 42 ; MM, *Méditation Quatrième*, p. 133.
30 AT, IX, p. 53 ; MM, *Méditation Cinquième*, p. 163.

elles ne peuvent naturellement être ni vraies, ni fausses. La vérité ou la fausseté n'apparaît en effet qu'avec la seconde opération de l'esprit qu'est le jugement. En considérant que « l'idée qui est en nous du Souverain Être [...] ne convient qu'au seul vrai Dieu », Arnauld et Nicole ont voulu : soit rendre compte que Dieu est la seule idée vraie ; soit, que l'idée de Dieu, ni vraie ni fausse, rend possible un jugement vrai tel que ce « Souverain Être » est « le seul vrai Dieu ». Autrement dit, il convient de savoir si Dieu est vrai par idée ou par jugement. Si nous suivons le schéma de la connaissance jusqu'ici développé, et pour rester dans la sphère philosophique, nous sommes amenés à considérer que la vérité de Dieu repose sur le jugement, et qu'il n'existe pas d'idée vraie de Dieu.

Concluons que l'idée est, par *nature*, une faculté de l'esprit qui consiste à abstraire le simple et distinct du complexe et confus. En ce sens, elle est une action de l'esprit : *l'idée est une chose immatérielle en nous qui nous permet de connaître ce qui est hors de nous.* Cette action est dès lors une action sur elle-même, de sorte que la connaissance des choses extérieures doit reposer sur une introspection de l'esprit. L'action de l'idée, d'un point de vue d'une abstraction de raison raisonnée, est double : elle est une perception et, en même temps, une représentation objective de la chose perçue. Cette représentation est objective en ce sens où elle ne résulte aucunement de la fantaisie de l'homme, mais d'un effort de l'esprit, d'une activité qui suit un ordre précis. Mais la connaissance ne s'achève pas dans la connaissance intérieure. L'introspection est une condition pour garantir la pureté de la pensée, mais cette pureté et cette pensée sont vaines si la pensée ne s'extériorise pas. Dès lors, l'outil par lequel la pensée peut se communiquer aux autres, qui est le langage, doit se soumettre aux conditions de la connaissance, c'est-à-dire à une abstraction de raison raisonnée de ce qu'il veut communiquer. Cette soumission s'explique par la nécessité de distinguer le support matériel de la signification. Cette nécessité de considérer le langage prolonge la théorie cartésienne des idées, car la *Logique* considère que les idées ne sont plus enfermées au sein du *Cogito*, comme si « les réflexions que nous faisons sur nos pensées n'avaient jamais regardé que nous-mêmes » (LPR, p. 60). Cette ouverture par le langage est ce qui constitue l'originalité de la *Logique* à l'égard de Descartes. En effet, si la pensée, en tant que connaissance immédiate est une activité interne qui fonctionne sans signes, cette pensée ne peut s'extérioriser que revêtue de signes. Maintenant, « [n]ous voyons donc assez ce que nous entendons par le mot idée : il ne reste plus qu'à dire un mot sur leur origine » (*ibid.*, p. 69).

L'ORIGINE DES IDÉES

> Toute la question est de savoir si toutes nos idées viennent de nos sens, et si on doit passer pour vraie cette maxime commune : *Nihil est in intellectu quod non prius fuerit in sensu* [...]. *Omnis idea ortum ducit à sensibus* (LPR, p. 69, souligné dans le texte)

Si toutes les idées ne proviennent pas de nos sens, il convient de comprendre que selon le sensualisme, les idées qui ne sont pas passées par les sens sont formées par d'autres idées qui, elles, sont passées par les sens. Selon cette théorie, nous avons donc deux sortes d'idées, les idées qui passent par les sens, et les idées qui proviennent de ces premières idées. Autrement dit, toute idée trouverait quelque part une origine sensible. Pour le sensualisme, même si une abstraction doit être opérée, cette abstraction ne concerne que les sens, elle est donc une abstraction sur quelque chose de sensible. Pour Arnauld, l'abstraction n'opère pas sur les sens, mais sur l'esprit, de sorte que placer les sens entre l'esprit apercevant et la chose perçue ne serait pas, non seulement superflu, mais cela compromettrait la connaissance scientifique. Les auteurs de la *Logique* s'en prennent ouvertement à Gassendi[1] qui défend, aux yeux des auteurs, une philosophie « commune avec plusieurs Philosophe de l'École » (LPR, p. 70). La critique est opérée sur deux fronts distinctement : la Religion et ce qu'ils appellent « la véritable Philosophie » (*ibid.*).

1 Voir la référence d'Arnauld lui-même. LPR, p. 69.

LA CONNAISSANCE PAR LES SENS : LE PROBLÈME PHILOSOPHIQUE

Si cette philosophie compromet l'indépendance de la pensée, c'est précisément parce qu'elle postule que la pensée ne pourrait s'exercer sans recourir aux sens. Les sens détermineraient donc la connaissance. Pour Arnauld au contraire, nous avons vu que les idées qui nous permettent de comprendre ce qui est hors de nous, se trouvent en nous, viennent de nous, elles sont donc originaires de notre esprit. L'idée est fondamentalement spirituelle. Et en considérant que l'idée est spirituelle, il convient de comprendre que cette spiritualité ne peut pas provenir d'une quelconque matérialité. L'intelligible ne provient pas d'un effort sur le sensible, nous avons en nous l'idée de ce sensible. C'est donc ce « en nous » qui garantit la spiritualité de l'idée, et, par-là, l'intellection pure. En ce qui concerne la connaissance de nous-mêmes, il apparaît impossible de montrer cette existence à partir des sens. Il nous faut en effet une idée de nous. Or, l'idée la plus claire et distincte que nous avons de nous-mêmes est celle qui nous représente comme une chose pensante et existante. Arnauld et Nicole soulignent en effet qu'« il n'y a rien que nous concevions plus distinctement que notre pensée même, ni de proposition qui nous puisse être plus claire que celle-là : *Je pense, donc je suis* » (*ibid.*). Mais cette proposition a été rendue possible par la représentation par idée de « penser » et d'« exister ». L'idée de « penser », jointe à l'idée d'« existence », rend en effet possible un jugement tel que « je pense, donc je suis ». De plus, ce jugement ne peut être que vrai. Mais si nous n'acceptons pas que nous ayons l'idée de la pensée ainsi que celle de l'existence *en nous*, il convient alors, comme le soulignent les auteurs, de comprendre

> […] par quels sens elles sont entrées ? Sont-elles lumineuses ou colorées, pour être entrées par la vue ? D'un son grave ou aigu, pour être entrées par l'ouie ? D'une bonne ou mauvaise odeur, pour être entrées par l'odorat ? De bon ou mauvais goût ? Froides ou chaudes, dures ou molles, pour être entrées par l'attouchement ? (*ibid.*).

Arnauld reprend le nœud de l'argumentation donnée par Descartes dans les *Réponses aux Sixièmes Objections*. Descartes souligne en effet que c'est par « la connaissance intérieure[2] » que nous pouvons avoir la certitude que nous pensons et que nous existons. Savoir que nous pensons, et en conséquence, que nous sommes, est impossible si nous considérons que nos idées sont originaires des sens. En outre, nous ne voyons point de distinction entre la forme intelligible de la pensée et la forme empirique de celle-ci. Et si effectivement cette double forme devait caractériser la pensée, en lui détachant une partie, nous ne perdrions pas une partie qui pourtant la constitue ? La connaissance par idée permet au contraire de représenter la pensée en tant que telle, sans rien lui enlever et, jointe à la représentation de l'existence en tant que telle, elle autorise la formation d'un jugement vrai tel que « je pense, donc je suis ». Il apparaît en effet difficile de soumettre au processus cognitif défendu par la philosophie de l'École, telle qu'elle est exposée par les auteurs de la *Logique*, une explication de ce qu'est la pensée, car il faudrait expliquer comment cet objet *entre* par les sens pour projeter des images sensibles et matérielles qui, par l'intermédiaire des sens extérieurs, parviennent à notre esprit qui distinguerait, en son sein, ce qui est empirique de ce qui est intelligible pour se fournir une forme intelligible. Cette philosophie considère que la pensée est un objet extérieur à la pensée. Mais si la pensée est un objet extérieur, en *entrant* dans la pensée, elle perd une partie de ce qu'elle est. Cette thèse ne peut être acceptée par Arnauld et par Nicole, car l'objet de la connaissance n'est pas extérieur à nous, il est en nous en tant que représentation de l'objet même. L'idée de la pensée nous représente la pensée dans son entièreté, non seulement cette pensée-ci, mais la pensée en général. Il convient donc d'avouer, soulignent les auteurs de la *Logique*, « que les idées de l'être et de la pensée ne tirent en aucune sorte leur origine des sens ; mais que notre ame a la faculté de les former de soi-même » (LPR, p. 70-71).

En réagissant contre Gassendi, Arnauld et Nicole défendent, d'un point de vue philosophique, la possibilité de connaître les choses scientifiquement. À la suite de l'enseignement cartésien, il convient en effet de trouver les moyens pour « établir quelque chose de ferme et de constant dans la science[3] ». Comme nous l'avons montré, la connaissance scientifique démarre avec les idées qui sont *en nous* et qui sont claires et distinctes, simples. Mais, si nous considérons que les idées trouvent leurs

---

2 AT, IX, p. 225 ; MM, *Réponse aux Sixièmes Objections*, p. 441.

3 AT, IX, p. 13 ; MM, *Première Méditation*, p. 57.

origines dans les sens, qui sont complexes, alors nous défendrions une conception matérielle de l'idée. Les choses représentées ne seraient alors que des images corporelles et matérielles de ces choses : l'idée serait le simulacre de la chose. Par conséquent, la connaissance qui s'ensuivrait ne pourra être objective, car l'idée ainsi prise ne représenterait pas la chose même, mais une image subjective de la chose. Arnauld souligne que cette philosophie, « je ne craindrai point de dire qu'elle est très absurde » (LPR, p. 70).

LA CONNAISSANCE PAR LES SENS : LE PROBLÈME RELIGIEUX

En ce qui concerne l'aspect religieux, cette « philosophie absurde » soulève un problème majeur en postulant que la connaissance de Dieu commence dès que nous le concevons « sous l'image d'un vénérable vieillard » (*ibid.*), c'est-à-dire sous une image corporelle. Cette conception de l'idée de Dieu autorise, par conséquent, la possibilité de former une proposition telle que « Dieu est un vénérable vieillard ». Mais nous pouvons voir que ce jugement ainsi établi, à partir de ces idées jointes, n'est pas vrai, car, pour qu'il soit vrai, il faudrait que « vénérable » et que « vieillard » représentent Dieu même, ce qui est en effet « absurde », car l'expérience montre que tout « vénérable » n'est pas Dieu et que tout « vieillard » n'est pas Dieu. Nous ne pouvons connaître Dieu que par l'idée de Dieu qui est *en nous* et qui autorise la formation d'un jugement vrai tel que « Dieu est éternel, tout-puissant, tout bon, tout sage », car il est vrai que l'éternel, que le tout puissant, que le tout bon, et que le tout sage ne peut être que Dieu[4]. L'idée de Dieu permet donc de nous représenter Dieu même au lieu de nous proposer une image d'un « vénérable vieillard » qui n'avance en rien notre connaissance de Dieu.

Mais si cette philosophie est absurde d'un point de vue religieux, c'est parce qu'elle considère l'origine de la connaissance dans les images. Si

4 Descartes avait montré que nous avons l'idée de Dieu à partir de l'idée de nous en tant qu'imparfaits.

elle refuse les idées comme commencement, elle s'éloigne de Dieu, car c'est précisément Dieu qui garantit la réalité et l'objectivité des idées. En s'éloignant de cette objectivité garantie par Dieu, cette philosophie transpose la garantie divine de l'objectivité des idées dans la subjectivité humaine. Ce faisant, elle ne considère que les choses corporelles et ne peut se représenter que des choses corporelles de sorte qu'en considérant Dieu sous l'image corporelle d'un « vénérable vieillard », elle s'éloigne du « vrai Dieu » dont l'existence ne peut être connue que par idée. Avoir la volonté de connaître l'existence de Dieu implique que nous ayons *en nous* l'idée de Dieu. Ne pas avoir cette volonté de le connaître implique alors à s'éloigner de Dieu, ce qui, aux yeux des auteurs de la *Logique*, trouve son explication dans le péché originel. Le péché originel va métamorphoser la nature de l'âme humaine. Celle-ci, remarque Arnauld en 1644, « étoit auparavant unie et attachée à Dieu par une affection toute sainte, et un amour tout divin, s'est toute tournée vers les créatures, et s'y est attachée par l'ardeur et la violence de toutes les passions[5] ». C'est donc à cause du péché que l'homme place la créature à l'origine de la connaissance de lui-même, du monde et de Dieu. Mais la créature n'est pas une idée de Dieu, l'homme n'est pas une idée de Dieu, il n'est qu'une « image de Dieu ». En tant qu'imperfection, l'image de Dieu ne peut donc pas prétendre représenter Dieu tel qu'il est objectivement : l'homme ne représente pas Dieu, il n'est pas la représentation de Dieu. C'est donc en tant qu'image de Dieu qu'il est imparfait, fini. Et c'est en tant qu'imparfait que l'homme à l'idée de la perfection et de l'infini de sorte que, en tant que créature, l'homme peut *se* représenter en lui l'idée de Dieu. C'est donc l'imperfection de l'homme qui le pousse à connaître, car connaître quelque chose consiste à admettre que nous ne la connaissions pas auparavant. Mais cette imperfection ne peut être effective si nous n'avions pas préalablement l'idée de la perfection, c'est-à-dire l'idée de Dieu. C'est donc Dieu, en tant que perfection, qui nous autorise à le connaître, c'est-à-dire qu'il nous donne la possibilité de le connaître à partir de la faculté de se former des idées qui est en nous. L'humilité apparaît dès lors comme le point de départ d'une connaissance possible. Chez Descartes, c'est précisément cette reconnaissance de l'imperfection humaine qui conditionne la connaissance de

5 Antoine Arnauld, *Première apologie pour M. Jansénius*, OA, XVI, p. 112.

l'existence de Dieu[6]. Ce qui m'autorise à connaître, c'est donc *l'idée en moi* d'un « être plus parfait que le mien[7] ». En connaissant, l'homme se tourne vers Dieu, car *se* représenter Dieu en idée autorise un jugement vrai tel que « Dieu est éternel ». Cette représentation permet donc de connaître l'existence de Dieu. Considérer les idées comme venant des sens suppose une primauté du corps sur l'esprit. Tel serait le dégât occasionné par le péché originel. Arnauld et Nicole remarquent dans la *Logique* que « quoique ces idées et les jugements qui en naissent soient faux et déraisonnables, ils sont néanmoins communs à tous les hommes qui ne les ont pas corrigés, parce qu'ils sont produits par la concupiscence » (LPR, p. 11). C'est donc à cause de cette concupiscence, qui vient du « plaisir des sens » (*ibid.*, p. 110), que nous nous détournons des idées *en nous* et favorisons ainsi les images corporelles. Les images représentent à l'aide de figures corporelles, de sorte que l'« esprit, qui étoit auparavant tout plein de lumiere, s'est couvert d'obscurité et de ténebres[8] ». Ce voilement de l'esprit explique pourquoi il se trompe. L'esprit apparaît dès lors limité à voir Dieu sous l'image d'un « vénérable vieillard ». Si le jugement se précipite dans l'erreur, c'est parce qu'il est, depuis le péché originel, aveuglé par les créatures. Depuis lors, il pense connaître par le biais de figures corporelles de ces créatures. Ainsi, « son corps, qui suivoit auparavant son esprit sans peine et sans résistance, s'est révolté contre lui, et n'a plus recherché que ce qui contente les sens[9] ». Comme le soulignent les auteurs de la *Logique*,

> [...] la corruption du péché, qui le sépare [l'homme] de Dieu, en qui seul il pouvait trouver son véritable bonheur, et à qui seul par conséquent il en devoit attacher l'idée, la lui fait joindre à une infinité de choses dans l'amour desquelles il s'est précipité, pour y chercher la félicité qu'il avoit perdue ; et c'est par-là qu'il s'est formé une infinité d'*idées fausses et obscures*, en se représentant tous les objets de son amour, comme étant capables de le rendre heureux, et ceux qui l'en privent, comme le rendant misérable (LPR, p. 110, nous soulignons).

Le péché originel précipite donc le jugement dans l'erreur. Toutefois, l'homme peut, en s'efforçant sérieusement[10], retrouver la possibilité de

6 AT, IX, p. 36-41 ; MM, *Méditation Troisième*, p. 115-131.

7 AT, IX, p. 36 ; MM, *Méditation Troisième*, p. 117.

8 Antoine Arnauld, *Première apologie pour M. Jansénius*, OA, XVI, p. 112.

9 *Ibid.*, p. 112-113.

10 L'aspect sérieux apparaît comme une condition de la connaissance scientifique. Descartes fait usage de cette condition dès la première méditation : « il me fallait entreprendre

juger sans se tromper. La faiblesse du jugement n'est donc pas définitive, mais pour dresser son jugement, l'homme doit assumer la nécessité d'une « méthode ». La réhabilitation du jugement permet en outre de renouer avec Dieu. Pour se retourner vers Dieu[11], pour connaître son existence, il convient alors d'avoir de cette existence une représentation objective : celle-ci n'est possible que par idée. De l'image à l'idée, tel est le parcours de conversion nécessaire afin d'éviter l'erreur, mais aussi afin d'éviter la faute parce que,

> [...] personne ne se peut dispenser de former des jugements sur les choses bonnes et mauvaises, puisque c'est par ces jugements qu'on doit conduire sa vie, régler ses actions, et se rendre heureux ou malheureux éternellement (*ibid.*, p. 109).

Le péché originel ne compromet pas seulement l'objectivité de la science, mais également l'action de l'homme. Autrement dit, une action morale s'origine avec une idée *en nous*. L'idée du bonheur nous représente en effet le bonheur objectivement. Cette idée autorise ainsi la formation d'un jugement vrai tel que « le bonheur est en Dieu », et elle implique que notre action soit orientée en fonction de cette idée. Le schéma de la connaissance déterminerait donc le schéma moral. Il n'est donc pas seulement faux d'un point de vue philosophique « que toutes nos idées viennent de nos sens » (LPR, p. 71), mais cette considération implique également une faute d'un point de vue religieux. Non seulement connaître Dieu par image ne nous apprend rien sur Dieu, mais prétendre une telle connaissance consiste à s'éloigner de lui. Ainsi, avoir une connaissance de Dieu par image correspond à nier l'existence de Dieu, car l'existence de Dieu ne peut être connue que par idée. En postulant une connaissance par image, le sensualisme n'admet donc aucune intellection pure. Mais s'il n'admet pas cette pensée pure, nous ne pouvons avoir aucune

---

sérieusement une fois en ma vie de me défaire de toutes les opinions que j'avais reçues alors en ma créance, et commencer tout de nouveau, si je voulais établir quelque chose de ferme et de constant dans les sciences ». (AT, IX, p. 13 ; MM, *Méditation Première*, p. 57). Chez Arnauld, nous retrouvons la même signification « philosophique » : « que chacun fasse une sérieuse réflexion sur ce qui se passe dans son esprit, lorsqu'il connaît diverses choses, en considérant tout ce qu'il y remarquera par une vue simple, sans raisonner, ni chercher ailleurs des comparaisons, prises des choses corporelles, et en ne s'arrêtant que sur ce qu'il verra être si certain qu'il n'en puisse douter ». (VFI, p. 70).

11 Comprenons qu'il s'agit de revenir à l'homme d'avant la chute.

connaissance de Dieu, ou de la pensée, ou des autres choses qui ne soient pas corporelles, qui ne soient pas imaginables. L'origine des idées se trouve donc *en nous*, et la véracité de ce qui est représenté est garantie par Dieu. Nous pouvons donc prétendre à connaître objectivement les choses et à établir les fondements d'une connaissance scientifique, et d'autre part, à connaître l'existence de Dieu. C'est donc l'esprit qui a la faculté de former les idées par lui-même sans aucun recours au sens.

En considérant que la *nature* de l'idée est une chose immatérielle qui trouve son *origine* en nous pour connaître ce qui est hors de nous, nous ne comprenons toujours pas qu'elle est sa *cause*. Autrement dit, nous sommes en présence d'une définition ontologique de l'idée qui répond à la question *qu'est-ce qu'une idée* ? À cette définition, Arnauld et Nicole ajoutent une définition génétique qui répond à la question *d'où vient une idée* ? Même s'ils ne consacrent pas un chapitre ou une partie d'un chapitre à la *cause des idées*, cette problématique est toutefois abordée. En finissant le premier chapitre consacré à la *nature* et à *l'origine* de l'idée, ils soulignent en effet une distinction entre deux sortes d'idées : celles qui peuvent être rapportées à nos sens et celles qui ne proviennent que de notre esprit. En ce qui concerne celles de notre esprit, les auteurs partagent le point de vue de Descartes, et adoptent la théorie des idées innées. En ce qui concerne les idées qui viennent des sens, nous verrons qu'elles se trouvent en nous, mais qu'elles sont réveillées par les sens.

LA CAUSE DES IDÉES

Si les auteurs de la *Logique* soulignent qu'« il faut avouer que les idées [...] ne tirent en aucune sorte leur origine des sens ; mais que notre ame a la faculté de les former de soi-même » (LPR, p. 70-71), c'est parce qu'ils assument la conception cartésienne des idées innées qui prétend « qu'il n'y a rien dans nos idées, qui ne soit inné à l'esprit[1] ». Ils soutiennent en effet que l'âme a le pouvoir de se former des idées de manière autonome et indépendante. Toutefois, Descartes ajoute qu'il y a certaines idées qui peuvent ne pas paraître innées. Il se peut que les sens occasionnent, en des

> [...] circonstances qui concernent l'expérience : par exemple quand nous jugerons que telles ou telles idées, qui sont maintenant présentes à notre pensée, se rapportent à certaines choses disposées hors de nous ; ce n'est pas que ces choses aient transmis ces idées mêmes à notre esprit par les organes des sens, mais elles ont néanmoins transmis quelque chose qui lui a donné *l'occasion* de former, par sa propre faculté innée, ces idées à ce moment-là plutôt qu'à un autre (*ibid.*, p. 70-71).

Quel est ce quelque chose de transmis qui donne l'occasion à l'esprit de se former des idées ? Nous ne pensons pas à la douleur de notre main si notre main n'est pas blessée. La chose transmise est donc une occasion de signifier ce qui est en train de m'arriver *ici* et *maintenant*. Il s'agit dès lors d'une occasion pour me ressouvenir de cette circonstance particulière. Pour Arnauld et Nicole, aucune idée ne tire son origine des sens, mais, à la manière de Descartes, ils semblent accepter néanmoins que certaines *occasions* poussent l'âme à se former des idées. Mais, même si les sens donnent l'occasion à l'âme de se former des idées concernant une quelconque circonstance, l'âme a toujours la faculté pour les former. Ces occasions sont donc les causes circonstancielles qui conduisent le sujet

1 René Descartes, *Notae in Programma quoddam*, traduction inédite dirigée par Denis Moreau, disponible sur le site de l'Université de Nantes, p. 12.

pensant à se ressouvenir des idées qui représentent cette circonstance dans un *lieu* et à un *moment* précis. Ainsi, la douleur qui est précisément une de ces circonstances qui ne se trouve ni dans ce qui rend la douleur d'une main blessée, ni dans la main blessée, « n'est que dans l'esprit, quoique à *l'occasion* de ce qui se passe dans la main, parce que la douleur de la main n'est autre chose qu'un sentiment d'aversion que l'ame conçoit » (LPR, p. 103, nous soulignons). L'âme peut donc être poussée à manifester cette idée latente et à *signifier* cette circonstance.

Si les sens n'interviennent pas dans la formation d'une idée, ils réveillent l'esprit à concevoir l'idée d'une circonstance. Si la circonstance de la main blessée devient une idée claire et distincte, elle permet alors la formation d'un jugement vrai, puisque, au vu de ce qui est clair et distinct, « l'entendement est naturellement déterminé à y consentir[2] ». C'est en effet, lors d'une *occasion* telle qu'une douleur, que cette expérience pousse l'âme à former l'idée de douleur et pas une autre. Et c'est seulement cette idée qui autorise la formation d'un jugement vrai tel qu'« il me semble que je sens de la douleur[3] ». Nous pouvons donc dire que toutes les idées sont innées, et que les sens ne font que donner l'occasion à l'esprit de *se* consulter l'idée d'une telle circonstance. La faculté de reconnaître la circonstance est donc indispensable au sujet pensant. C'est la raison pour laquelle le projet d'une langue universelle apparaît aux yeux des auteurs comme une nécessité. Ce projet insiste en effet sur la nécessité d'attacher à chaque mot l'idée à laquelle il correspond. Mais ce langage suppose, de la part du jugement, une capacité de reconnaître cette correspondance. Le jugement doit en effet éviter de se précipiter à juger une circonstance sans attacher cette circonstance à une idée qui la représente de manière particulière aussi bien que de manière générale. Si les idées sont en moi, dès que je pense, je me souviens de ces idées, et dès que j'aperçois, je me ressouviens de ces idées, parce que la circonstance m'oblige à me consulter moi-même, et à *réveiller* en moi l'idée de la chose. C'est en ce sens que la pensée est réfléchissante, elle est toujours un retour sur soi.

En ce qui concerne l'idée de Dieu que nous avons *en nous*, elle se manifeste *en nous* seulement quand *l'occasion* est prévue et voulue par

2 Antoine Arnauld, *De la Liberté de l'Homme*, éd. Denis Moreau, *Antoine Arnauld. Textes Philosophiques*, *op. cit.*, p. 239.

3 *Ibid.*

Dieu. Cette manifestation *en nous* de l'idée de Dieu correspond donc au point de départ de la connaissance de cette idée, c'est-à-dire au commencement philosophique de la connaissance de l'essence de Dieu. Cependant, cette connaissance doit être voulue. Elle précise en effet, de la part du sujet connaissant, de vouloir passer de l'idée au jugement. L'idée de Dieu ne me donne donc pas la connaissance de Dieu, en tant qu'idée, elle me permet cette connaissance, c'est-à-dire qu'elle autorise la formation d'un jugement vrai qui me permet d'accéder à la connaissance des propriétés divines contenues dans la première opération de l'esprit qui consiste à concevoir.

La cause des idées se trouve en Dieu, c'est donc lui qui garantit la possibilité que je puisse le connaître. Les idées qui se forment par *occasion* trouvent également leur cause en Dieu. Ainsi, si les idées sont *en nous*, la *cause* pour laquelle elles se trouvent en nous est Dieu. Et, si les idées sont réveillées par les sens à l'occasion d'une circonstance particulière, il convient de comprendre que ces occasions sont également prévues par Dieu. En définitive, nous devons dire que la *cause* de toutes nos idées est en Dieu, mais qu'elles sont toutes en nous. Il ne faut donc pas confondre la cause efficiente de nos idées avec la possibilité que nous avons de former ces idées nous-mêmes. Arnauld précise en 1683 qu'« il n'y a rien à quoi on doive plus prendre garde, pour bien traiter une matière de science, que d'éviter la brouillerie et la confusion, qui arrive quand on mêle ensemble des questions différentes » (VFI, p. 214).

Pour éviter toute confusion, il convient de distinguer la *cause* de la *nature* et de *l'origine* des idées. En ce qui concerne la cause de l'idée de Dieu, c'est Dieu lui-même qui est la cause de son idée en moi. Je pourrais reprocher alors à Dieu que si je ne possède pas l'idée de Dieu, c'est parce qu'il n'a pas voulu être connu. Mais ce serait une erreur d'un point de vue théorique, car si je n'ai pas l'idée de Dieu, c'est parce que je n'ai pas cette volonté. Si j'ai l'idée de Dieu, la cause qui explique que j'ai voulu former cette idée est Dieu. C'est en ce sens que nous devons comprendre que Dieu est la cause de l'idée. Dieu peut être la cause de l'idée de Dieu si, et seulement si, nous avons l'idée de Dieu. Mais si nous n'avons pas cette idée, pouvons-nous attribuer la cause de cette privation à Dieu ? Cette question confond la cause et l'origine des idées. En effet, la cause de l'idée ne présuppose pas la formation en nous de l'idée de la cause. C'est plutôt l'idée de la cause que nous nous formons, qui présuppose la cause de cette idée. Autrement dit, si Dieu est la cause de mon idée, il ne garantit pas par-là que je me forme l'idée de Dieu. La formation de cette idée appartient à ma faculté. Dès lors, si Dieu est la cause de l'idée, il ne présuppose pas la formation de cette idée en l'homme. Par contre si l'homme a en lui l'idée de Dieu, nous pouvons dire que cette idée présuppose cette existence, car sans Dieu il n'y aurait pas, malgré toute la volonté humaine, d'idée de Dieu. Dieu est la cause de la formation de nos idées, mais Dieu ne nous donne pas le contenu de nos idées. L'idée de Dieu, même si elle est causée par Dieu, elle *s'origine* en l'homme. En ce sens, Dieu agit en tant que principe efficient des idées, et l'homme en tant que principe formateur de ses idées. Ainsi, il convient de bien distinguer la différence entre la cause des idées et l'origine des idées. Dieu peut en effet être la cause de nos idées, mais cela n'empêche point que l'origine de la formation de cette idée se trouve *en nous*.

En considérant que la *nature de l'idée* est de représenter objectivement les choses, Arnauld et Nicole veulent aussi assurer la pureté de l'âme et son indépendance à l'égard du corps. Elle est donc conforme à la réalisation d'une connaissance scientifique des vérités naturelles, mais elle est aussi conforme avec la possibilité de connaître l'existence de Dieu. Connaître Dieu par image est en effet une forme de connaissance que la *Logique* permet précisément d'éviter. En considérant que *l'origine des idées est en nous*, les auteurs minent toute possibilité de faire intervenir les images corporelles extérieures au sujet pensant. Ce faisant, ils ruinent également la prétention de se représenter Dieu par une image. Ils évitent ainsi la précipitation du jugement à former une proposition telle que « Dieu est un vénérable vieillard ». Enfin, en considérant que la *cause des idées* se trouve en Dieu, les auteurs assurent aux idées une garantie divine. Dieu est en effet la cause efficiente de nos idées, mais ces dernières trouvent leur origine en nous, ce qui fait que nous avons la faculté de pouvoir les former librement. Pour le dire autrement,

> [...] de quelque manière que nous ayons ces idées, nous en sommes toujours redevables à Dieu : tant parce que c'est lui qui a donné à notre âme la faculté de les produire, que parce qu'en mille manières qui nous sont cachées, selon ses desseins qu'il a eus sur nous de toute éternité, il dispose, par les ordres secrets de sa providence, toutes les aventures de notre vie, d'où dépend presque toujours que nous connaissions une infinité de choses que nous n'aurions pas connues s'il les avait disposées d'une autre sorte (VFI, p. 224).

UNE DÉFINITION DE L'IDÉE

En parcourant les différentes questions affectant l'idée, c'est-à-dire sa nature, son origine et sa cause, nous pouvons distinguer maintenant trois sortes d'idées : les idées innées, les idées occasionnelles et l'idée de Dieu. Ces trois sortes d'idées impliquent différemment l'âme en qui ces idées se trouvent. L'idée, en tant qu'elle ne se trouve pas dans la chose qu'elle représente, est donc essentiellement spirituelle. Nous avons vu que les idées provoquées par les sens à l'occasion d'une circonstance particulière, réveillent en l'âme l'idée de la chose. Aussi, la présence de l'idée dans l'âme est permanente. En tant que l'âme est immortelle, la propriété temporelle fondamentale de l'idée est par conséquent d'être éternelle.

Mais si nous définissons l'idée comme étant spirituelle et que, par *nature*, elle nous représente objectivement la chose même, *l'idée ne modifie en rien la chose qu'elle représente.* En effet, l'idée de la chose est une activité de l'esprit sur l'esprit, et non pas sur la chose. Les idées permettent de voir les choses d'une *autre manière* de ce qu'elles sont, sans toutefois les modifier. En ce qui concerne l'âme, sa nature est de penser et, en tant qu'elle pense « à diverses choses sans changer de nature, il faut que ces diverses pensées ne soient que différentes modifications de la pensée qui fait ma nature » (VFI, p. 52). La connaissance de ce qui est hors de nous par l'entremise des idées qui sont en nous, implique le pouvoir réfléchissant de l'esprit connaissant. C'est vers nous que nous devons nous tourner pour nous souvenir ou pour nous ressouvenir des idées qui sont en nous[1], « et ceux qui ne veulent pas voir ce que c'est qu'apercevoir les objets en se consultant eux-mêmes, je ne sais pas comment le leur faire mieux entendre » (VFI, p. 54). Dans le *Des Vraies et des Fausses Idées*, Arnauld souligne le pouvoir réfléchissant de la pensée.

1 C'est en ce sens que s'explique le jugement de récognition. Si les idées sont innées, c'est-à-dire qu'elles sont en nous. La pensée doit donc se penser elle-même afin de se ressouvenir de ses idées.

La pensée doit en effet se tourner vers elle pour connaître les choses qui se trouvent hors d'elle, « notre *pensée ou* perception est essentiellement réfléchissante sur elle-même » (*ibid.*, p. 73). En ce sens, une pensée est une modification de la pensée ; diverses pensées, diverses modifications de la pensée. L'idée ne modifie pas la chose, mais en tant que pensée de cette chose, cette pensée *se* modifie. Si en pensant la pensée se modifie, cela signifie que le pouvoir réfléchissant de la pensée sur elle-même implique l'automodification de la pensée. Ce retour sur soi agit donc sur notre pensée, elle la modifie.

La pensée serait modifiée par ma pensée même ? Oui, car en pensant, la pensée se modifie en fonction de ce qu'elle pense. Et puisqu'être, suivant l'ordre de la réflexion, consiste à *penser* et *exister*, en pensant, la pensée implique une modification sur cette *pensée*, et sur cette *existence*. Ce n'est donc pas l'idée qui modifie la chose, ce n'est pas la chose qui modifie l'idée : l'idée modifie la manière de *penser* et *d'exister*, elle est donc effectivement une modification de l'âme. Je suis modifié par ma pensée quand je pense. Mais en considérant exclusivement que l'idée est une modification de l'âme, nous risquons d'attribuer à l'idée une réalité distinguée de la pensée qu'elle modifie.

Aloyse R. Ndiaye souligne dans sa minutieuse étude sur Arnauld qu'une définition de l'idée exclusivement dépendante de l'activité de l'âme consisterait à concevoir l'idée comme « une simple réalité psychologique, un état de conscience[2] ». Pour ne pas réduire l'idée à cette fonction psychologique, il se demande dès lors si l'idée possède « une existence *autonome*, une réalité *distincte*[3] ». Mais cette alternative est exclusiviste, elle donne à concevoir une réalité de l'idée sans sa contrepartie. Autrement dit, soit nous considérons que l'idée est l'âme apercevant, mais alors l'idée ne serait réelle que pendant que l'âme exerce cette activité de perception. Soit nous considérons l'idée possédant une réalité distincte et autonome. Mais cette dernière alternative implique une extériorisation de l'idée, et pose le problème de la relation entre l'idée et l'âme. Définir l'idée en tant qu'« existence autonome » permet toutefois de considérer une réalité interne à l'idée : une réalité objective. Nous pouvons donc définir l'idée, en tant que représentation objective et distinguée de l'âme apercevant, et l'idée en tant qu'âme apercevant, indépendamment de sa

2 Aloyse R. Ndiaye, *La Philosophie d'Antoine Arnauld*, *op. cit.*, p. 92.
3 *Ibid.* Souligné par l'auteur.

réalité objective. Mais prises indépendamment, ces définitions n'aident pas à comprendre le conditionnement mutuel entre la réalité objective et la réalité formelle de l'idée. Il convient, si nous souhaitons comprendre la structure de l'idée, de prendre en compte ces deux réalités et de les considérer dans une relation inclusive. L'idée a une réalité formelle en tant que c'est par idée que l'âme aperçoit, *et* elle a une réalité objective en tant qu'elle représente objectivement la chose perçue.

Nous devons donc nous poser la question autrement afin d'éviter cette alternative théorique exclusiviste. Il convient de savoir comment une idée peut être une modification de l'âme *en même temps* qu'elle est autonome, et que sa réalité est distincte. En effet, une réalité n'exclut point une autre, elle ne contredit pas sa contrepartie, et n'invalide pas l'existence de l'autre. Souvenons-nous de la distinction cartésienne de la réalité formelle et de la réalité objective de l'idée, elles ne sont pas exclusives, mais plutôt inclusives et constitutives de la connaissance. La problématique consiste alors à expliquer le supposé caractère autonome des idées. L'idée serait une entité différente qui pourrait être considérée exclusivement de l'âme apercevant ? Définir ainsi l'idée, consisterait à lui prélever une partie essentielle de sa constitution. Ces réalités ne peuvent donc pas être réellement distinguées. L'idée n'est pas exclusivement une perception de la chose distinguée de sa représentation. La seule distinction autorisée résulte d'une abstraction de raison raisonnée qui permet de comprendre l'idée comme une modification de l'âme en tant qu'elle aperçoit la représentation objective de la chose.

Pour connaître la chose, nous ne devons pas partir de la chose, l'épurer et nous faire une idée de cette chose. La connaissance de la chose ne passe pas par la chose, mais par l'idée de la chose. Il s'agit en effet d'une *abstraction d'esprit*. La structure de l'idée est, par abstraction de raison raisonnée, essentiellement double : présentation et représentation. L'idée ne peut pas être une réalité psychologique réellement distinguée de sa réalité objective. Si nous définissons l'idée à l'intérieur du processus de la connaissance, c'est-à-dire en tant qu'activité interne au sujet pensant, nous avons une double réalité de l'idée, une réalité formelle et une réalité objective. Cette distinction consiste à distinguer « l'âme apercevant » en tant que réalité formelle de l'idée, de « la représentation objective » conçue comme la réalité objective de l'idée. Elle permet de considérer la double structure de l'idée dans un acte unique.

Aussi, la distinction formelle de l'idée permet de montrer que l'essence de Dieu est inséparable de son existence. En réalité, cette distinction est la seule à pouvoir montrer que l'existence de Dieu n'est pas indépendante de la connaissance que nous pouvons avoir de Dieu. Nous pouvons, certes, séparer ces deux entités et les concevoir comme des entités distinctes, mais seulement d'un point de vue d'une abstraction de raison raisonnée. Une distinction réelle consisterait, au contraire, à séparer réellement ces entités comme s'il était possible de connaître Dieu sans qu'il existe ou qu'il existe sans que nous puissions le connaître. Il est en effet impossible de dire, à moins d'accepter une distinction réelle et de l'opposer à l'abstraction de raison raisonnée, que je connais ce qui n'existe pas, ou que quelque chose existe et que je ne la connais pas.

Chez Arnauld, la distinction formelle, qui permet de comprendre que l'idée est une modification de l'âme, est corroborée par une distinction de deux rapports internes à l'âme. Dans le chapitre v du *Des Vraies et des Fausses Idées*, l'auteur prend « pour la même chose *l'idée* d'un objet et la perception d'un objet [...] ces idées sont ou des attributs, ou des modifications de notre âme » (VFI, p. 67), mais il ajoute toutefois,

> que cette chose quoi qu'unique, a deux rapports : l'un à l'âme qu'elle modifie, l'autre à la chose aperçue, en tant qu'elle est objectivement dans l'âme ; et que le mot de perception marque plus directement le premier rapport, et celui d'idée le dernier (*ibid.*).

La réalité formelle de l'idée correspond chez Arnauld à l'idée prise comme perception. La réalité objective de l'idée correspond à celle d'idée, « en tant qu'elle est objectivement dans l'âme ». La réalité formelle de l'idée d'un carré est donc celle qui « marque plus directement mon âme comme apercevant un carré » (*ibid.*, p. 68) tandis que la réalité objective de l'idée d'un carré « marque plus directement le carré en tant qu'il est objectivement dans mon esprit » (*ibid.*). Pour Arnauld, cette distinction est essentielle même s'il s'agit d'une distinction strictement formelle, c'est-à-dire de raison raisonnée, d'une même entité. Arnauld souligne en effet

> qu'on ne comprend pas assez que ce ne sont point deux entités différentes, mais une même modification de notre âme, qui enferme essentiellement ces deux rapports, puisque je ne puis avoir de perception, qui ne soit tout ensemble la perception de mon esprit comme apercevant, et la perception de quelque

> chose comme aperçue, et que rien aussi ne peut être objectivement dans mon esprit (qui est ce que j'appelle *Idée*) que mon esprit ne l'aperçoive (*ibid.*).

L'autonomie de ces entités n'est que formelle en ce sens où cette distinction formelle permet de considérer de manière interne les différents rapports entretenus entre l'âme apercevant et l'objet aperçu. Cette remarque est essentielle, car elle permet d'entrevoir une brèche considérable avec la théorie cartésienne. Si Descartes distingue dans la *Troisième Méditation* la réalité formelle de la réalité objective de l'idée, il accorde à la réalité objective de l'idée une autonomie objective à l'égard du sujet pensant. Ce qui nous fait dire que chez Descartes, la distinction entre ces deux réalités n'est pas formelle, mais réelle. La consistance ontologique attribuée à la réalité objective de l'idée va pousser Descartes, au niveau de la *Cinquième Méditation*, à accepter qu'« il ne laisse pas néanmoins d'y avoir une certaine nature, ou forme, ou essence déterminée de cette figure, laquelle est immuable et éternelle, que je n'ai point inventée, et qui ne dépend en aucune façon de mon esprit[4] ». Nous pouvons dès lors considérer que la théorie cartésienne des idées est, sur ce point précis, incompatible avec la théorie des idées arnaldienne qui insiste, comme nous venons de le voir, sur la distinction formelle des deux réalités de l'idée. Chez Arnauld, la consistance ontologique de l'idée est précisément inconsistante si elle n'intègre pas l'âme apercevant dans l'acte unique qui consiste à connaître. L'idée est donc un acte unique composé de présentation et de représentation en même temps. Aussi, en substituant à la distinction réelle, une distinction de raison raisonnée, Arnauld échappe à une difficulté posée par Descartes qui consiste à trouver un lieu pour ces idées indépendantes de l'âme apercevant. L'acte de connaissance doit alors être entendu comme un acte unique, dans une « réalité unique[5] ». Si Arnauld considère que la nature de l'idée est d'être représentative, il ne peut accepter cette définition indépendamment de la définition de l'idée comme perception. C'est pourquoi, si Arnauld considère « que toutes nos perceptions sont des modalités *représentatives* » (VFI, p. 68, souligné dans le texte), il combat les idées prises comme des êtres représentatifs qui sont « réellement distingués des idées prises pour des perceptions » (*ibid.*).

---

4 AT, IX, p. 51 ; MM, *Méditation Cinquième*, p. 157.

5 Ferdinand Alquié, *Le cartésianisme de Malebranche*, Paris, éd. Vrin, 1974, p. 205.

Mais en réalité, la distinction cartésienne entre la réalité objective et la réalité formelle de l'idée n'est pas, aux yeux d'Arnauld, une distinction réelle. La théorie des idées de Descartes serait donc compatible avec celle d'Arnauld. Arnauld souligne, dans le *Des Vraies et des Fausses Idées*, que la conception cartésienne de la réalité objective de l'idée « sur quoi il fonde ensuite ses démonstrations de Dieu et de l'âme, n'est point réellement distingué[e] de notre pensée ou perception, mais que c'est notre pensée même, en tant qu'elle contient objectivement ce qui est formellement dans l'objet » (*ibid.*, p. 75). Descartes n'aurait pas considéré une réalité objective de l'idée indépendante et autonome par rapport au sujet apercevant. Ailleurs, Arnauld ajoute qu'il

> [...] est plus clair que le jour que M. Descartes a dit expressément que les idées dont il parlait étaient des modifications de notre âme, et que dans ces modifications de notre âme, l'une représentait une substance, l'autre une manière d'être, et une autre l'être parfait et infini[6].

En montrant le contenu interne de l'idée, Arnauld montre en même temps l'illégitimité d'une réalité *réelle* de l'idée. L'enjeu consiste pour lui à montrer que les deux réalités ne sont pas incompatibles parce que les entités supposées distinctes et réelles ne sont que les contreparties d'un acte unique. Pour Arnauld, l'idée est la perception en même temps que l'objet immédiat de perception. C'est cette double réalité de l'idée qui définit l'idée comme action. L'idée est, dans cette perspective, une action qui enferme en elle, la perception et l'objet de la perception.

Dans cette perspective, il n'y a aucune nécessité, ni pour Arnauld, ni pour Descartes de trouver un lieu pour ces idées, elles sont *en nous.* Il n'y a donc pas de brèches entre la théorie cartésienne et celle d'Arnauld. Seulement, cette distinction formelle chez Descartes a été prise pour une distinction réelle par Malebranche. C'est précisément le nœud autour duquel s'articule la critique d'Arnauld. En effet, la nécessité de faire intervenir des idées intermédiaires entre l'âme apercevant et l'objet de la perception, pour rendre compte de la connaissance des objets sensibles, renverse le schéma arnaldien qui place les idées *en nous*. Arnauld s'insurge dès lors contre la prétendue[7] distinction réelle qui implique

6 Antoine Arnauld, *Défense*, OA, XXXVIII, p. 388.

7 Pour Arnauld, Descartes n'effectue pas de distinction réelle des substances. Le dualisme serait donc une mésinterprétation du texte cartésien. Selon Arnauld, il n'autorise pas la

nécessairement l'existence d'êtres intermédiaires. Il refuse en effet l'existence réelle d'une substance radicalement hétérogène à l'esprit et aux objets, et dont la fonction serait de représenter les choses à l'âme apercevant. Selon Malebranche, et contre Arnauld, l'âme ne *se* représente pas les objets, ces derniers sont présentés à l'âme. Pour Arnauld, l'âme *se* représente les objets en elle-même et à elle-même en même temps. Les êtres représentatifs indépendants ne sont, aux yeux d'Arnauld, que des « êtres chimériques » (VFI, p. 88). Ainsi, ce qu'il reproche à Malebranche, c'est d'avoir pris la distinction réelle des réalités formelles de l'idée et d'alimenter par là le prétendu dualisme de l'idée et de la chose. Ce faisant, Malebranche confère une réalité réelle aux êtres représentatifs. Le rôle de cet être représentatif, distingué de la perception, consiste alors à présenter à l'âme une représentation de quelque chose. Entre l'âme apercevant et l'objet perçu, Malebranche semble placer un être médiat. C'est précisément cette philosophie qu'Arnauld combat.

La *Logique* adopte une position philosophique qui s'inscrit directement dans la veine cartésienne. Sans remonter plus loin dans la tradition d'une telle position philosophique, disons seulement que la *Logique* se veut une défense de la conception cartésienne des idées en tant que celles-ci sont immanentes à l'esprit humain. Même si elle dépend de Dieu, l'idée, en tant qu'opération de l'esprit, n'est plus enfermée dans l'entendement divin, elle est *en nous*. Arnauld suit donc Descartes dans la consistance ontologique attribuée à la réalité objective de l'idée, mais en considérant que cette consistance ontologique est dérivée d'une distinction formelle entre la réalité objective et la réalité formelle de l'idée.

Malebranche, qui prend cette distinction comme étant réelle, doit trouver le lieu de nos idées, et, il le trouve en Dieu. Pour Arnauld, il ne s'agit donc pas de minimiser la consistance ontologique[8] de la réalité

déduction de ce dualisme. C'est pourquoi il s'agit d'un prétendu dualisme. Nous userons de cette formule pour rendre compte de la position arnaldienne, mais aussi pour montrer la source d'une problématique qui va influencer la philosophie contemporaine et dans une autre mesure, celle de notre époque.

8 Dans son introduction au *Des Vraies et des Fausses Idées*, Denis Moreau considère qu'« Arnauld s'emploie donc à minimiser la consistance donnée par Malebranche à l'idée, en montrant qu'elle n'est pas un objet ou un aspect de la substance divine, mais un mode de notre esprit » (VFI, p. 22). Nous ne suivons pas cette interprétation, car nous considérons que la minimalisation de la consistance ontologique de l'idée n'est pas l'intention propre à Arnauld. Aussi, ce n'est pas en montrant que l'idée est une modalité de l'âme que nous minimalisons la consistance ontologique de l'idée, car cette consistance doit être

objective de l'idée, mais de la considérer *en même temps* que l'âme apercevant. Prises ensemble, elles rendent compte de l'idée comme modification de l'âme. Arnauld montre par-là que la distinction *réelle* entre les deux réalités de l'idée empêche de montrer l'architecture interne de l'idée. L'idée en tant que présentation et représentation est une abstraction de raison raisonnée. Cette abstraction, bien que présente dans la *Logique*[9], constitue le fondement à partir duquel Arnauld critique Malebranche dans le *Des Vraies et des Fausses Idées*.

En exposant la nature de l'idée, l'origine et la cause, Arnauld est en mesure de nous livrer une définition : l'idée est une action, c'est-à-dire une faculté de l'âme qui opère par un principe d'abstraction de raison raisonnée. Elle est perception et représentation objective en même temps. En tant que spirituelle, l'idée est une chose immatérielle *causée* par Dieu, mais qui trouve son *origine* en nous et permet de connaître ce qui est hors de nous : « le mot d'*Idée* est du nombre de ceux qui sont si clairs qu'on ne les peut expliquer par d'autres, parce qu'il n'y en a pas de plus clairs et de plus simples » (LRP, p. 65).

---

prise accompagnée de l'âme apercevant, c'est-à-dire de l'idée prise comme perception. L'interprétation de Denis Moreau implique une focalisation sur cette minimalisation. Elle empêche dès lors de voir qu'Arnauld reconnait cette réalité objective et qu'il lui attribue en effet une consistance ontologique. Le problème majeur pour Arnauld, celui sur lequel il se focalise le plus, est précisément la compréhension formelle de la distinction cartésienne des réalités des idées.

9 Avant de commencer la *Première Partie*, les auteurs définissent les quatre opérations de l'esprit. En définissant ce que veut dire concevoir, nous pensons qu'ils annoncent les rapports entre l'âme apercevant et l'être représentatif dans l'activité qui consiste à connaître les choses qui sont hors de nous. (LRP, p. 59).

DEUXIÈME PARTIE

THÉORIE DES IDÉES
ET INTENTION PHILOSOPHIQUE
DU *DES VRAIES ET DES FAUSSES IDÉES* (1683)

INTRODUCTION

Origine Philosophique de la brouille entre Arnauld et Malebranche. Distinction formelle ou réelle de la réalité objective et de la réalité formelle de l'idée

Le problème soulevé par la distinction réelle entre la réalité formelle et la réalité objective de l'idée réside dans l'implication, pour une théorie des idées, de l'autonomie de la réalité objective de l'idée. Autrement dit, en maximisant l'autonomie de la consistance ontologique de la réalité objective de l'idée, cette entité apparaît comme indépendante de l'âme apercevant aussi bien que de l'objet connu. Par conséquent, l'idée prend place d'intermédiaire entre l'objet connu et le sujet connaissant. Octroyer à la réalité objective de l'idée un statut d'être ne pose pas de complication théorique si nous considérons cette réalité inséparable de l'âme apercevant. Si nous supposons au contraire, comme Malebranche, que cette entité est indépendante et autonome à l'égard de l'âme, il convient alors de déterminer le lieu de cette réalité objective. C'est la conviction de Malebranche. Il trouve en Dieu le lieu de l'être représentatif.

Si nous distinguons, par un principe de raison raisonnée, deux réalités de l'idée, c'est seulement pour comprendre sa *nature*. Selon Arnauld, Malebranche confondrait différentes questions concernant l'idée. En trouvant le lieu de nos idées en Dieu, Malebranche ne répond pas à la question portant sur la *nature* de l'idée, mais il répond à celle qui porte sur la *cause* des idées. Dans une démarche opposée, en répondant à la question portant sur la *nature* des idées, la préoccupation majeure d'Arnauld réside dans la nécessité de comprendre la consistance ontologique de l'idée comme une action de l'âme, l'idée comme condition de possibilité de la pensée, au sein même de la pensée. Le lieu de l'idée est pour Arnauld, *en nous*. Une idée est une modification de l'âme en tant qu'elle *se* présente et *se* représente en même temps ce qui est hors d'elle. Cette action interne correspond alors à l'idée en tant que l'âme aperçoit la représentation objective des choses. Arnauld respecte en ce sens la catégorie de la question abordée puisqu'il traite de la *nature* de l'idée et il montre qu'elle est une modification de l'âme « sans me mettre en peine de la cause efficiente de cette modification » (VFI, p. 69). Malebranche confond la *nature* de l'idée avec la *cause* de l'idée, ce qui signifie que, quand il se demande ce qu'est une idée, il répond que Dieu est sa cause. Il confond donc la cause avec la nature, ce qui implique, d'une part, que le geste cartésien consistant à considérer l'idée comme l'essence de l'âme semble ici être renversé puisque, l'idée n'apparaît plus comme étant une faculté intérieure de l'âme. Malebranche enlève à l'homme la résidence des idées, et se retourne vers Dieu, en qui il voit la nature de l'idée. La confusion malebranchienne entre la nature et la cause de l'idée, ruine l'intention philosophique d'une théorie des idées « complètement épuré[e] de ses origines théologiques » remarque Denis Moreau[1]. En effet, cette confusion oblige Malebranche à trouver une résidence pour ces idées et, en trouvant Dieu comme lieu des idées, il mine désormais toute possibilité d'expliquer « les phénomènes cognitifs humains de façon entièrement immanente[2] ». La théorie des idées malebranchienne suppose donc la nécessité de replacer le lieu des idées dans un lieu extramental, c'est-à-dire dans l'entendement divin, d'où précisément l'idée avait été déplacée par Descartes, et depuis lors assumée par Arnauld.

Convaincu de la distinction réelle dans la théorie des idées cartésienne, Malebranche suppose une certaine contradiction entre les réalités de l'idée. C'est donc cette supposition qui le motive à trouver une solution. En effet, attribuer à l'idée une consistance ontologique telle que nous lui octroyons le statut d'être représentatif semble incompatible avec l'idée entendue comme une perception de l'âme. Persuadé donc de la conséquence du dualisme cartésien sur le plan des idées, Malebranche se donne comme objectif de surmonter les difficultés ainsi héritées. En ce sens, Malebranche représente aussi une voie cartésienne.

1 Denis Moreau, VFI, p. 25.
2 *Ibid.*

Mais en confondant la *nature* avec la *cause* de l'idée, Malebranche modifie considérablement la *nature* de l'idée. Aussi, si la distinction entre les différentes réalités de l'idée était effectivement réelle, comme le soutient Malebranche, ce n'est certainement pas en conférant un lieu extramental que la problématique se résout. En effet, en confondant *nature* et *cause*, l'idée devient chez Malebranche la *cause* externe de la connaissance. La première opération de l'esprit ne signifie plus se présenter-représenter quelque chose pour la connaître, elle consiste à se joindre aux êtres représentatifs. Ce n'est alors qu'à l'occasion de cette liaison que nous pensons. L'idée serait donc *quelque chose* de réel que l'âme apercevrait. Elle serait son objet immédiat. Cela consiste alors à considérer que l'âme apercevant est isolée, mais si elle est isolée, elle ne peut plus être apercevant. En effet, si l'essence de l'âme est de penser, et que penser signifie *se* présenter et *se* représenter par idées, séparer la représentation de l'âme consiste alors à lui prélever son essence. Pour Arnauld, l'âme n'est que parce qu'elle aperçoit, et elle n'aperçoit que parce qu'elle se représente objectivement les choses. En isolant l'âme de sa faculté représentative, Malebranche invalide, aux yeux d'Arnauld, le sujet pensant. Mais cette conséquence n'est pas unique, car en prétendant résider les idées en Dieu, Malebranche annonce non seulement la déchéance du *Cogito*, mais par-là, il invalide également la puissance de Dieu. Mais il y a plus. La création des êtres représentatifs présuppose l'impossibilité pour le monde d'être directement connu, ce qui implique alors une remise en question de la création divine.

IMMÉDIATETÉ, SIMPLICITÉ DES VOIES, ÊTRE REPRÉSENTATIF

L'IMMÉDIATETÉ INTERNE D'ARNAULD CONTRE L'IMMÉDIATETÉ EXTERNE DE MALEBRANCHE

La réalité objective de l'idée, prise indépendamment de l'âme apercevant, possède chez Malebranche une réalité extérieure. Malebranche doit donc s'intéresser à la liaison externe entre l'âme apercevant et l'être représentatif. Pour Arnauld, cette difficulté est dénuée de sens, car l'idée est *en nous*. En effet, la réalité objective de l'idée prise indépendamment de la perception n'est pas une réalité réelle. Si nous l'avons distinguée de l'âme apercevant par une abstraction de raison raisonnée, c'est précisément parce qu'il s'agit de la seule abstraction possible sur les idées. Autrement dit, il n'y a rien à distinguer au sein de l'idée sinon par abstraction de raison raisonnée. Considéré indépendamment de l'âme apercevant, l'être représentatif n'existe donc point. Chez Arnauld, s'il y a consistance ontologique de l'être représentatif, cette consistance ne résulte que d'une abstraction d'esprit. En outre, cette distinction formelle permet de dégager une distinction de rapports entre l'être représentatif et l'âme apercevant. Ces rapports reflètent que l'idée est fondamentalement une modification de l'âme.

Arnauld ne peut donc accepter la réalité objective de l'idée prise indépendamment de l'âme apercevant. Considérer une réalité de l'idée indépendante consiste en effet, pour Arnauld, à placer cette idée entre l'âme apercevant et la chose connue. Or, Arnauld ne fait intervenir que deux substances dans le schéma de la connaissance : la chose connue et le sujet connaissant. L'idée étant au sein même du sujet connaissant, aucune nécessité de faire intervenir une substance supplémentaire. Mais Malebranche, ajoute une troisième substance : une substance extérieure à l'âme apercevant, et qui, de plus, est envisagée comme la seule possibilité pour l'âme de connaître ce qui est hors de nous. Arnauld, à la suite de Descartes, place, au contraire, les idées *dans* l'âme apercevant, ce qui veut dire que l'idée n'est pas un intermédiaire, mais plutôt « l'objet immédiat de notre pensée » (VFI, p. 72) en tant que cet objet est à l'intérieur même du processus cognitif. La spiritualité de l'idée ne signifie pas que l'idée ne peut être aperçue uniquement par l'esprit. La spiritualité de l'idée signifie surtout qu'elle est dans l'âme, qu'elle est intérieure à l'âme.

Ainsi, si Malebranche considère, à la manière d'Arnauld, que l'idée est « l'objet immédiat de notre pensée », cette immédiateté est autrement signifiée. Pour Arnauld, cette immédiateté est intérieure à l'âme. Elle ne peut être donc être vue que par une abstraction de raison raisonnée. Pour Malebranche, cette immédiateté rend compte d'une relation externe entre l'âme apercevant et l'être représentatif, ce qui présuppose donc une distinction réelle. Autrement dit, l'idée, en tant que réalité indépendante de l'esprit, doit encore s'interposer entre l'esprit et l'objet, de sorte qu'effectivement l'idée apparaît comme étant l'objet immédiat de la pensée, la première substance vue, mais seulement en tant qu'elle est extérieure à la pensée. Malebranche insiste donc sur le fait que la connaissance du monde sensible n'est pas immédiate, et, par conséquent, que les choses sensibles ne sont point perceptibles. C'est précisément là une conséquence inévitable du réalisme *réel* des idées de la théorie de Malebranche. D'un point de vue de la connaissance, cette extériorité invalide tout processus cognitif propre au sujet connaissant. Elle suppose en effet, non pas l'union de l'âme et de la chose, mais l'union de l'âme avec la représentation de la chose. Tandis que le *Darstellung* arnaldien est interne au processus cognitif, et la forme par laquelle le *Dartesllung* est en moi se nomme *Vorstellung*, chez Malebranche le *Vorstellung* est extérieur au processus cognitif, qui possède une réalité réelle et indépendante de mon âme, et la forme par laquelle il se lie à l'âme est *Darstellung*. Malebranche renverse donc le processus cognitif en extériorisant l'idée de l'âme, le *Vorstellung* du *Darstellung*. Arnauld maintient cette corrélation interne.

La spiritualité de l'idée chez Malebranche est donc d'un ordre radicalement différent à la spiritualité de l'idée chez Arnauld. Et si la spiritualité de l'idée est définie, selon Malebranche, par la relation entretenue entre l'idée et l'esprit, il convient alors de considérer que l'idée est spirituellement unie à l'âme, mais elle n'est pas dans l'âme. C'est l'activité spirituelle de l'âme sur l'idée qui explique la spiritualité de l'idée chez Malebranche. L'idée est en effet, pour ce dernier, « quelque chose qui est intimement uni[e] à notre âme » (VFI, p. 64[1]). S'il y a immédiateté chez Malebranche c'est précisément dans le sens où l'être représentatif extérieur à l'âme est son objet le plus immédiat. L'immédiateté chez Malebranche est désormais encore médiate. En effet, les êtres représentatifs médiatisent l'âme apercevant de la chose matérielle. Toutefois, en isolant les êtres représentatifs de la perception, Malebranche empêche la connaissance des choses matérielles par elles-mêmes. Ce faisant, nous pensons que l'Oratorien élimine le monde sensible. Il est en effet absent du processus de connaissance. Chez Malebranche en effet, le monde matériel étant inaccessible, il ne reste que l'être représentatif, seul moyen, selon lui, qui rend l'accès, non pas au monde, mais à la représentation du monde. Malebranche imagine en effet un monde de représentation réellement distingué du monde perçu.

En considérant l'idée en dehors du processus cognitif, et en la plaçant en Dieu, Malebranche semble voir dans l'idée la *cause* même de ce processus. Autrement dit, l'être représentatif serait la *cause* de la perception. Pour Arnauld, l'idée ne peut pas être la cause externe du processus cognitif puisque l'idée se trouve *dans* le processus cognitif même. Mais si Malebranche confond la *cause* avec la *nature* de l'idée, il ne peut considérer l'idée autrement que comme une *cause*. Une idée est donc la cause de la connaissance. Ce qui est *dans* l'âme, selon Malebranche, c'est la perception ; ce qui est externe à l'âme, c'est la représentation objective du monde. Malebranche considère en effet, après avoir refusé l'existence réelle attribuée par les hommes uniquement aux objets corporels, qu'il « est donc indubitable que les idées ont une existence très réelle[2] ». Malebranche renverse donc l'architecture du monde. L'idée ne correspond plus à l'architecture du monde, mais c'est quelque chose d'autre, extérieur au sujet, qui la représente.

Malebranche semble reprocher aux hommes de considérer que la réalité objective de l'idée, qu'il tient pour nécessaire, ne soit rien d'autre que le résultat d'une abstraction d'esprit. L'abstraction de raison raisonnée des idées consisterait, selon lui, à ne donner aucune consistance ontologique à la réalité objective de l'idée, et ce faisant, cette abstraction n'aboutirait

1 Voir Nicolas Malebranche, *Recherche*, OCM, I, p. 413-414.
2 *Ibid.*, p. 414.

qu'à supposer, de cette réalité, « que ce n'est rien ». Malebranche a certainement raison de supposer que l'abstraction d'esprit ne permet pas de considérer deux réalités réelles aux idées, mais en considérant qu'elle ne permet rien, Malebranche semble exagérer son inutilité.

Pour Arnauld l'abstraction d'esprit des réalités de l'idée est utile dans le sens où elle permet de voir les rapports internes entre l'idée en tant qu'être représentatif, et l'idée en tant que perception de l'âme. Cette distinction formelle permet donc d'apercevoir la structure interne de l'idée : son architecture. À l'existence très réelle des idées, Arnauld rétorque alors l'existence des idées en nous, inséparable de l'âme apercevant, et montre sa structure.

La réalité *réelle* de l'idée, pousse Malebranche à considérer l'idée comme un objet extérieur à l'âme. Malebranche défend donc que si nous imaginons une montagne d'or, « il est absolument nécessaire que l'idée de cette montagne soit réellement présente à [mon] esprit[3] ». Mais cela signifie que cette idée doit se présenter réellement à moi. Pour ce faire, elle doit provenir de quelque part. Elle est donc extérieure. Cette présentation présuppose en effet que l'idée n'est pas en moi. Chez Descartes, comme l'a justement remarqué Arnauld, cette réalité objective de l'idée n'est pas réellement distinguée de l'âme apercevant. Dans la *Troisième Méditation*, qui semble fortement inspirer Arnauld, Descartes souligne que c'est « par une aveugle et téméraire impulsion, que j'ai cru qu'il y avait des choses hors de moi, et différentes de mon être, qui, par les organes de mes sens, *ou par quelque autre moyen que ce puisse être*, envoyaient en moi leurs idées ou images, et y imprimaient leurs ressemblances[4] ». Si Descartes vise essentiellement le sensualisme, ce passage permet de réfuter de manière anticipative la théorie malebranchienne d'une idée hors de moi qui se présente à moi. En effet, Descartes anticipe tout « autre moyen que ce puisse être » de considérer que les idées viennent de l'extérieur. Dans la même *Méditation*, Descartes poursuit en affirmant que nous ne devons pas « douter qu'il ne soit nécessaire que la réalité soit formellement dans la cause de mes idées, quoique la réalité que je considère dans ces idées soit seulement objective[5] ». La réalité objective se trouve donc dans l'âme apercevant. Ainsi, si Arnauld considère que la réalité objective de l'idée

3 Nicolas Malebranche, *Recherche*, OCM, I, p. 414.

4 AT, IX, p. 31 ; MM, *Méditation Troisième*, p. 105. Nous soulignons.

5 AT, IX, p. 33 ; MM, *Méditation Troisième*, p. 109.

n'est pas réellement distinguée de l'âme apercevant, nulle nécessité d'une union entre ce qui est extérieur et ce qui est intérieur, car la réalité objective de l'idée et l'âme apercevant, prises ensemble, correspondent à la pensée même, « en tant qu'elle contient objectivement ce qui est formellement dans l'objet » (VFI, p. 75). Il n'y a donc aucune nécessité à séparer réellement ce qui n'est en réalité qu'une seule substance : l'âme.

En confondant la *cause* et la *nature* de l'idée, Malebranche modifie également *l'origine* des idées. Celles-ci ne sont plus en nous, elles ne sont que des objets les plus proches de l'esprit. En refusant l'abstraction de raison raisonnée des réalités de l'idée, il est obligé de maximaliser la consistance ontologique de l'idée au point de lui octroyer une indépendance à l'égard de la perception. Ce faisant, Malebranche interpose entre le sujet connaissant et l'objet connu, un être représentatif. Non seulement il invalide une connaissance propre à l'homme, en complexifiant les voies d'accès à la connaissance des choses, mais comme nous le verrons, c'est la création même qui semble être en péril. À la complexité du réseau cognitif de Malebranche, Arnauld propose, ce qui est conforme à ses yeux avec la philosophie aussi bien qu'avec la religion, la simplicité des voies. Regardons maintenant en quoi consiste cette alternative cognitive et ce qu'elle implique d'un point de vue d'une philosophie de la connaissance.

ARNAULD ET LA SIMPLICITÉ DES VOIES CONTRE LA COMPLEXITÉ DU RÉSEAU COGNITIF DE MALEBRANCHE

L'idée est, avons-nous souligné, naturellement claire et distincte, ce qui veut dire qu'elle est naturellement simple. La distinction formelle au sein même de l'idée entre deux réalités ne rend pas cette idée complexe, car cette distinction n'est que formelle. Elle permet, au contraire, de penser l'unité de l'idée. En séparant réellement les réalités de l'idée, il faut présupposer que la réalité objective de l'idée soit une substance par le biais de laquelle on accède aux choses. La connaissance des choses sensibles soulève alors une autre difficulté. Pourquoi Dieu, qui est la cause des idées, et qui veut que nous connaissions, aurait-il besoin de ces êtres représentatifs ? Autrement dit, pourquoi Dieu aurait-il compliqué ainsi l'accès à la connaissance de ses ouvrages ?

> Mais n'y a-t-il qu'à donner à Dieu des lois bizarres, et sans fondement ?

pour obliger Dieu,

> *lui qui agit toujours par les voies les plus simples*, à prendre un aussi étrange circuit que l'on voudrait qu'il prît, pour exécuter la volonté qu'il a de faire connaître à notre âme les choses matérielles ? (VFI, p. 94).

Le recours à Dieu par Arnauld est intéressant dans le sens où il fait voir à Malebranche que la conception qu'il soutient rend la volonté de Dieu imparfaite. En effet, si la volonté de Dieu consiste à nous faire connaître ce qu'il a créé, et que pour réaliser cette connaissance il nous a donné la capacité de nous former les idées, Arnauld ne voit pas la raison pour laquelle Dieu aurait placé les idées des choses matérielles en dehors de nous. Le circuit divin est, selon Arnauld, plus simple, et Dieu « ne fait jamais par des détours inutiles ce qu'il peut faire par des voies plus simples » (VFI, p. 95). Soulignons toutefois que c'est Malebranche qui soutient la simplicité des voies, et c'est la raison pour laquelle il considère une indépendance des êtres représentatifs distingués de nos perceptions. Il considère en effet que « Dieu ne fait jamais par des voies très difficiles, ce qui se peut faire par des voies très simples[6] ». Arnauld relève alors une contradiction interne à la théorie de Malebranche. L'indépendance des êtres représentatifs renverse selon Arnauld « une autre maxime, qu'il a pris tant de peine d'établir, qu'il n'y a rien d'inutile dans la conduite de Dieu, et qu'ainsi il ne fait jamais par des voies composées ce qui se peut faire par des voies plus simples » (VFI, p. 156).

Si Dieu a créé le monde matériel, pourquoi faudrait-il qu'il nous en détourne ? Ce monde serait-il une fiction ? Dieu aurait-il voulu nous tromper ? L'existence réelle des êtres représentatifs conduit à se poser ce genre de questions. En tant que théologien, Arnauld ne pouvait pas être insensible. Mais d'un point de vue philosophique, Arnauld ne pouvait pas permettre que Malebranche compromette le geste cartésien. Ainsi, si Malebranche considère que la distinction formelle aboutit à considérer que la réalité objective de l'idée n'est rien, Arnauld rétorque que les

6 Nicolas Malebranche, *Recherche*, OCM, I, p. 437.

> êtres représentatifs distingués des perceptions ne sont bons à rien ; puisque, les laissant là pour ce qu'ils valent, je trouve sans peine de quoi expliquer tout ce qui se passe dans la connaissance humaine (*Ibid.*, p. 95).

Pour Arnauld, il convient désormais d'admettre l'inexistence des êtres représentatifs pris indépendamment de la perception, car, pour avoir recours à un être représentatif, c'est-à-dire quelque chose qui me représente un carré, il faut que je possède préalablement « la perception d'un carré, pour laquelle on s'est imaginé que j'avais besoin d'un être représentatif intimement uni à mon âme » (VFI, p. 95). L'être représentatif serait donc le fruit de l'imagination.

Si Malebranche considère la nécessité de la réalité *réelle* de l'idée, cela suppose que l'idée ne se trouve pas *en nous*. Cet être représentatif, Malebranche ne considère pas « qu'il est dans l'esprit, et qu'il en est une modification comme il devait dire [...], mais seulement qu'il est *le plus proche de l'esprit*, parce qu'il regarde cet être représentatif, comme réellement distingué de notre esprit aussi bien que l'objet » (*ibid.*, p. 65). En considérant l'idée comme étant intimement liée à l'esprit, Malebranche suppose que la connaissance que nous avons des choses qui sont *hors de nous* n'est pas une connaissance des choses mêmes puisque nous passons par des idées, également *hors de nous*, mais aussi *hors des choses*, qui représentent ces choses, de sorte que l'âme ne

> les voit donc point par eux-mêmes, et l'objet immédiat de notre esprit, lorsqu'il voit le soleil, par exemple, n'est pas le soleil, mais quelque chose qui est intimement uni à notre âme, et c'est ce que j'appelle *Idée*. Ainsi, par ce mot Idée, je n'entends ici autre chose que ce qui est l'objet immédiat, ou le plus proche de l'esprit quand il aperçoit quelque chose (*ibid.*, p. 64).

Mais si l'idée est un objet indépendant de l'âme, comme le soutient Malebranche, il tient place, comme le remarque Arnauld d'« objet dans la connaissance des choses matérielles » (*ibid.*, p. 65). En considérant l'extériorité de l'idée, et en lui attribuant une réalité *quasi matérielle*, Malebranche se rend coupable, selon Arnauld, de commettre l'erreur de la Philosophie de l'École. Arnauld souligne en effet que l'être représentatif distingué de l'âme apercevant est une notion confuse qui résulte des préjugés de l'enfance et que Malebranche

> est tombé lui-même dans les pensées extraordinaires, que j'entreprends de réfuter, que pour ne s'être pu défaire entièrement de ces préjugés, et en avoir

> retenu un faux principe, qui lui est commun avec presque tous les Philosophes de l'École ; mais qui l'a mené dans des sentiments plus étranges que les autres, parce qu'il l'a poussé plus loin qu'eux (*ibid.*, p. 57-58).

C'est donc ce « faux principe » qu'il s'agit de démanteler. L'intention d'Arnauld consiste alors à montrer que, dans une théorie des idées, nous ne pouvons pas prendre en considération l'être représentatif sans l'âme apercevant, « on sait assez, souligne Arnauld, la peine qu'on a de séparer les idées qui ont accoutumé de se trouver ensemble dans notre esprit, et c'est une des causes les plus ordinaires de nos erreurs » (*ibid.*, p. 59). Si les idées ne sont ni vraies, ni fausses, le jugement malebranchien opéré sur les idées est faux, ce qui signifie que l'être représentatif n'est pas rien, mais il est faux non pas en tant qu'idée, mais en tant que proposition. Considérer l'idée comme un être représentatif est donc une erreur de jugement de la part de Malebranche.

LA FAUSSETÉ DU JUGEMENT, « UNE IDÉE EST UN ÊTRE REPRÉSENTATIF »

C'est dans le chapitre v qu'Arnauld expose les principes fondamentaux qui démontrent la fausseté de la théorie malebranchienne des idées. Arnauld entreprend en effet de prouver « la fausseté des *Idées*, prises pour des êtres représentatifs » (*ibid.*, p. 68). Malebranche n'admet pas la distinction de raison raisonnée, pour lui, cette distinction est réelle. Mais si l'idée est un objet hors de nous, nous ne pouvons la connaître, si nous suivons la *Logique*, « que par l'entremise des idées qui sont en nous » (LRP, p. 63). Entre la chose et l'âme, Malebranche interpose donc une chose qu'il nomme idée et qui représente cette chose indépendamment de l'âme apercevant.

Dès lors, pour se former une idée de l'être représentatif, nous devrions préalablement consulter l'être représentatif de l'être représentatif. L'être représentatif précèderait donc l'idée de l'être représentatif. L'idée ainsi prise apparaît comme un objet qui représente quelque chose, ce qui est, si nous suivons le développement d'Arnauld, le propre d'une image. Mais la théorie malebranchienne ajoute une complication supplémentaire qui est, à notre sens, fondamentale. La nature du lien entre l'âme et l'être représentatif ne peut se faire que par idée. Or, si cette idée doit aussi se trouver à l'extérieur de l'âme, l'âme ne pourrait jamais percevoir les êtres représentatifs. Ces êtres seraient-ils aperçus par les yeux de la vue ? Si Malebranche ne pouvait certainement pas admettre cette hypothèse, il convient alors de donner raison à Arnauld et d'admettre avec lui une distinction formelle des réalités des idées, ce qui, de surplomb, montre l'accès simplifié à la connaissance des choses matérielles créées par Dieu. La réalité objective de l'être représentatif ne permet donc pas de considérer les choses en elles-mêmes. L'âme, obligée de passer par l'idée de la chose, se représente alors l'image de la chose donnée par l'être représentatif qui se trouve hors de nous. C'est, selon Malebranche, la seule manière de connaître les choses matérielles. Il admet en effet « que nous n'apercevons point les objets qui sont hors de nous par eux-mêmes[7] ». Il est donc nécessaire de sortir de nous pour consulter l'idée qui représente la chose. Or, pour Arnauld, connaître signifie connaître par idées qui se trouvent *en nous*. Nous n'avons donc nulle nécessité de sortir de nous pour retrouver cette idée en dehors de nous.

En se référant à Malebranche, Arnauld souligne, que

> ne sortant point de lui-même, il lui aurait été impossible d'y voir autre chose que la perception du cube, ou le cube objectivement présent à l'esprit, et qu'il n'y aurait jamais trouvé la moindre trace de cet être représentatif du cube ou du soleil, distingué de la *perception*, et qui aurait dû suppléer à l'absence de l'un et de l'autre (VFI, p. 81).

Arnauld est sévère. Il demande à Malebranche de cesser de voir les choses avec les yeux corporels « car les yeux corporels ne voient rien » (*ibid.*). Nous ne pouvons pas confondre la réalité d'un cube, en tant qu'objet sensible, avec la réalité de l'idée prise comme un objet séparé de l'âme. L'idée ainsi prise aurait le statut d'objet et serait donc effectivement distinguée de la perception. Pour Arnauld, l'âme n'aperçoit que si l'idée est un être représentatif *en même temps* qu'elle aperçoit. Le rapport de l'être représentatif et la perception n'est donc pas chronologique. La perception n'est pas première par rapport à l'être représentatif, et ce dernier ne prime pas sur la première : il y a co-naissance, co-relation et immédiateté des deux entités formelles de l'idée. C'est ainsi qu'il

7 Cité par Antoine Arnauld, VFI, p. 64 ; Nicolas Malebranche, *Recherche*, OCM, I, p. 413-414.

convient de comprendre la signification d'immédiateté dans la théorie arnaldienne. Elle est distincte de celle proposée par Malebranche qui considère l'immédiateté comme un rapport de proximité : l'idée comme « l'objet immédiat et *le plus proche* de l'esprit, quand il aperçoit quelque chose » (*ibid.*, p. 65, nous soulignons).

Selon une abstraction de raison raisonnée, il est évident que Malebranche n'aurait pas pu trouver « la moindre trace de cet être représentatif », car, comme le souligne ironiquement Arnauld, pour trouver cet être, « il aurait fallu qu'il l'y eût mis lui-même » (*ibid.*, p. 81). Erreur dont l'origine se trouve dans « un vieux reste de préjugé dont il n'aurait pas eu de soin de se dépouiller entièrement » (*ibid.*). En considérant la possibilité de trouver ces idées en dehors de nous, Malebranche semble admettre la réalité corporelle de l'idée et en ce sens

> il ne l'y aurait trouvé que comme les défenseurs des formes substantielles les trouvent dans tous les corps de l'Univers, parce qu'ils se sont imaginé qu'elles sont propres à expliquer ce que l'on remarque dans ces corps, et qu'on ne le pourrait pas faire sans cela (VFI, p. 81).

Toutefois, Malebranche n'admet pas la nécessité de sortir de nous. Il souligne en effet que nous voyons les choses et que nous n'avons pas besoin de considérer que « l'âme sorte du corps et qu'elle aille, pour ainsi dire, se promener dans les cieux pour y contempler tous ces objets » (*ibid.*, p. 82). Comme cela est impossible, Malebranche admet que l'âme « ne les voit [les objets] donc point par eux-mêmes, et l'objet immédiat de notre esprit, lorsqu'il voit le soleil, par exemple, n'est pas le soleil, mais quelque chose qui est intimement uni à notre âme, et c'est ce que j'appelle idée » (*ibid.*). C'est donc par cette intimité que Malebranche explique que nous n'avons pas besoin de sortir de nous pour contempler les idées. Arnauld remarque alors que les êtres représentatifs ont été imaginés par Malebranche afin d'expliquer la connaissance d'objets éloignés, sans qu'il soit nécessaire de sortir de nous. L'être représentatif confère, selon Malebranche, la possibilité à l'âme « d'apercevoir les objets qui sont éloignés du lieu où elle [l'âme] est » (*ibid.*) Pour Arnauld, c'est donc à cause de ces objets éloignés « que notre ami a supposé [...] que notre âme ne peut voir, ni connaître, ni apercevoir (car tout cela est la même chose) les objets éloignés du lieu où elle est, tant qu'ils en demeurent éloignés » (*ibid.*, p. 83). Le raisonnement de Malebranche, tel qu'il est présenté par Arnauld, conduit alors, lorsqu'un ami est spatialement éloigné, à consulter l'être représentatif de cet ami pour pouvoir penser à cet ami. Or, pour Arnauld, « il est certain que la manière dont je dis qu'un objet est présent à l'esprit quand il est connu et incontestable, et que c'est ce qui fait dire, qu'une personne que nous aimons est souvent présente à l'esprit, parce que nous y pensons souvent » (*ibid.*, p. 67).

L'absence de l'objet implique la nécessité de le rendre présent, c'est cette nécessité qui justifie aux yeux de Malebranche *l'existence réelle* des êtres représentatifs. Pour Arnauld, c'est précisément l'incompréhension du mot « présence » qui est à la source de la prétendue nécessité des êtres représentatifs indépendants. Arnauld impute cette incompréhension à la confusion entre présence spirituelle et présence visuelle, il souligne en effet que « c'est la comparaison de la vue corporelle mal entendue avec la vue de l'esprit » qui a donné « l'équivoque du mot de *présence* » (*ibid.*, p. 84). Essayons de comprendre maintenant en quoi consiste cette équivoque et pourquoi elle implique « l'invention de [la part de] gens oisifs » (*ibid.*, p. 81[8]) des êtres représentatifs.

L'ABSENCE-L'ÉLOIGNEMENT COMME JUSTIFICATIONS DE L'INVENTION DES ÊTRES REPRÉSENTATIFS

Pour Arnauld, Malebranche confondrait la vue corporelle avec la vue spirituelle. Cette confusion implique alors une conception particulière du mot présence. En effet en distinguant les différentes vues, il est possible de rendre compte que la présence pour la vue corporelle signifie « une *présence locale* », tandis que pour la vue spirituelle elle est « une *présence objective* » (VFI, p. 85). Ainsi, si Malebranche considère que nous ne pouvons connaître que les objets qui sont immédiatement présents à l'esprit, il apparaît que le terme présence a été pris, par l'Oratorien, dans le sens de la vision des yeux. Il s'agit alors, pour lui, de voir localement ce qui est objectivement absent. L'objectivisation de l'absence

8 Antoine Arnauld se réfère à ceux qui inventent des formes substantielles. En inventant des êtres représentatifs indépendants de l'âme apercevant, Malebranche fait donc comme eux.

permet alors, selon Malebranche, de rendre localement présent l'objet absent ou éloigné, et que « les corps fussent en état d'être connus » (VFI, p. 85). En faisant intervenir un argument spatial dans la connaissance des choses matérielles, Malebranche semble en même temps attribuer à l'être représentatif le statut de *suppléant spatial de l'objet éloigné ou absent*. La théorie que Malebranche met alors en place est une théorie que nous pouvons qualifier de substitution. Il substitue en effet, à l'invisibilité des corps, la visibilité de l'être représentatif.

Nous devons dès lors questionner la théorie malebranchienne sur le statut de la création divine. En effet, en imaginant des êtres représentatifs entre le monde et le sujet apercevant, Malebranche affirme en même temps l'inaccessibilité du monde. Or, souligne Arnauld, le monde est l'œuvre de Dieu. En plaçant les idées en Dieu, au lieu d'attribuer à Dieu sa toute-puissance, Malebranche se rend au contraire coupable, aux yeux d'Arnauld, d'invalider la création. Chez Arnauld, l'être représentatif rend présent la réalité objective de la chose, mais pas parce que cette chose serait absente du champ de la perception visuelle. La visibilité de l'objet est le résultat d'une activité spirituelle, elle est le résultat d'une abstraction de raison raisonné. La présence objective du soleil *en nous* ne supplée donc pas à la matérialité du soleil. C'est la présence objective qui nous permet de le connaître. Nous n'avons, en ce sens, aucune nécessité de l'être représentatif du soleil pour le substituer au soleil, comme le soleil n'a pas besoin d'être substitué pour être perçu.

La présence locale, « comme les fausses opinions [qui] ne sauraient bien s'entretenir » (*ibid.*) n'est donc pas une condition pour connaître l'objet absent ou éloigné « puisque présent ou éloigné, c'est pour elle [l'âme] la même chose, et qu'elle est condamnée par une sentence irrévocable de cette Philosophie des fausses idées de ne voir jamais aucun corps par lui-même, présent ou absent, proche ou éloigné » (VFI, p. 85-86). Pour sa part, Malebranche soutient que toute chose matérielle, présente, éloignée ou absente, ne peut être connue que par l'intermédiaire des êtres représentatifs. Ce n'est donc pas l'argument spatial qui prévaut. Quelle est alors la raison pour laquelle la connaissance immédiate des choses qui se trouvent hors de nous serait impossible ? Nous soutenons qu'il s'agit d'un problème strictement métaphysique et qu'il est tiré directement du prétendu dualisme cartésien. En effet, ce n'est pas parce que les choses sensibles sont éloignées ou absentes du champ de la perception qui pousse Malebranche à justifier l'existence *réelle* des êtres représentatifs, mais c'est parce que l'esprit et le corps sont considérés comme des substances radicalement hétérogènes et qu'« il n'y a point de rapports entre elles[9] ». Malebranche ne voit comment des substances hétérogènes peuvent communiquer. Il ne comprend pas que l'adéquation, entre le sujet et le monde, est strictement spirituelle. Mais en invoquant une troisième substance, il ne montre pas la nature de la communication entre ces substances autrement que par l'intimité avec Dieu. Ce qui justifie l'existence des êtres représentatifs, c'est donc la manière dont Malebranche conçoit la perception. La perception serait pour Malebranche distinguée des êtres représentatifs, de sorte que la perception seule (c'est-à-dire sans l'idée qui lui représente quelque chose) est incapable de voir. C'est parce que la perception est incapable de voir qu'elle a besoin des êtres représentatifs, ou c'est parce que Malebranche a isolé la perception des êtres représentatifs qu'il a maintenant besoin d'expliquer ce qui lie ces deux prétendues substances ? En séparant les entités de l'idée, Malebranche est contraint de les substantialiser. Les entités formelles « être représentatif » et « âme apercevant » ne communiquent plus de l'intérieur – ce qu'Arnauld montre – et de ce fait, elles deviennent des substances à part entière. Malebranche enlève à l'âme sa capacité représentative et rend la perception en attente de représentation. Pour Arnauld, cela équivaut à la déchéance du *Cogito*. Dès lors, la seule lumière nécessaire à la connaissance de la vérité ne provient plus de l'esprit connaissant, mais elle serait causée de l'extérieur, par Dieu, où se trouve l'être représentatif. En effet, bien que cartésien, Malebranche aurait considéré que l'âme humaine est dépossédée de lumière et, en tant que faculté purement passive, l'âme doit recevoir de Dieu l'illumination nécessaire pour connaître les choses matérielles qui nous entourent. Il refuse par conséquent le déplacement du questionnement philosophique qui réintègre la connaissance scientifique, certaine et indubitable dans l'esprit de l'homme. C'est ce qui va constituer aux yeux d'Arnauld une défiguration de la pensée cartésienne, et elle ne l'a pas laissé indifférent.

Mais, il y a plus. L'isolement de l'être représentatif, non seulement isole l'âme apercevant, mais il invalide surtout la faculté de l'âme d'apercevoir. En ce sens, l'âme n'est pas seulement une substance simple

9 Nicolas Malebranche, *Recherche*, OCM, I ; *Cf.* Antoine Arnauld, VFI, p. 80.

et inétendue, hétérogène avec la substance étendue, mais elle serait *vide*. Entre ces deux substances, hétérogènes et distinctes, la seule union possible s'avère, pour Malebranche, externe. L'argument de la spatialité est en réalité une conséquence inéluctable de la distinction réelle des entités de l'idée. Arnauld utilise le principe d'abstraction de raison raisonnée pour souligner les rapports internes qui interviennent dans l'âme quand elle connaît les choses qui se passent en dehors d'elle.

Comme le remarque Arnauld, le pouvoir de l'esprit est tel qu'il porte sur tout objet singulier, mais aussi sur tout objet général, comme le prouve la Géométrie lorsqu'un « Géomètre démontre les propriétés d'un carré ou d'un triangle, ce n'est point d'un tel carré ou d'un tel triangle, mais de tout carré et de tout triangle » (VFI, p. 87). Pour Arnauld, aussi bien les objets matériels singuliers que les objets matériels en général n'ont nullement besoin de situation spatiale, ils « ne sont nulle part *localement* » (*ibid.*). Et si ces objets ne possèdent aucune situation spatiale, c'est précisément parce que, s'ils en avaient, il faudrait encore avoir une idée de cet espace, mais cette idée devrait également, si nous suivons le raisonnement de Malebranche, être spatialement située. Quel serait alors l'être représentatif de l'être représentatif ? La situation spatiale de l'être représentatif pose alors le problème de sa perception. Selon Arnauld, nous ne pouvons pas connaître sans que les idées soient *en nous*, de sorte que, si nous posons un être représentatif possédant une réalité réelle, nous devons, si nous voulons le connaître, avoir un être représentatif en nous, c'est-à-dire non distingué de la perception de cet être représentatif. Et, si nous refusons d'admettre que nous avons en nous l'être représentatif de l'être représentatif en dehors de nous, il convient alors de se demander « par quels sens [ils] sont entrées ? » (LPR, p. 70). Il convient en effet de comprendre quelle est la nature du lien entre l'idée *en nous* de l'être représentatif, et le prétendu être représentatif extérieur. Aussi, si Malebranche considère que nous ne pouvons pas connaître les choses par elles-mêmes, il convient alors de se demander si l'être représentatif extérieur à l'âme apercevant peut être aperçu. En affirmant qu'il peut être aperçu par l'âme apercevant, nous invalidons en même temps la théorie malebranchienne de l'être représentatif. En effet, si, comme le considère l'Oratorien, nous ne pouvons pas apercevoir immédiatement les choses, comment serait-il possible d'apercevoir immédiatement l'être représentatif ? En infirmant cette possibilité, c'est-à-dire en considérant que les êtres représentatifs ne peuvent être aperçus par l'âme apercevant, ils seraient, comme le souligne Arnauld, des « êtres chimériques » (VFI, p. 88) qui sont « bons à rien » (*ibid.*, p. 95) et reflèteraient plutôt « la fausseté d'un principe » (*ibid.*).

IMPLICATIONS DE LA PHILOSOPHIE DE MALEBRANCHE

TROIS INVALIDATIONS : DIEU, L'HOMME ET LE MONDE

Les implications de la doctrine malebranchienne des idées sont considérables aux yeux d'Arnauld. L'Oratorien semble remettre en question la puissance de Dieu concernant la création du monde et la possibilité pour ce monde d'être connu. Il convient dès lors d'interroger les conséquences de Malebranche sur deux plans : comprendre le statut de la création divine du point de vue de la *puissance de l'homme* et du point de vue de la *puissance de la nature.*

Pour Arnauld, nous n'avons pas besoin de recourir à ces pures chimères (VFI, p. 146), car il soutient que « notre âme peut connaître une infinité de choses éloignées du lieu où elle est, et qu'elle le peut parce que Dieu lui en a donné le pouvoir » (*ibid.*, p. 83-84). Arnauld assume en ce sens le geste cartésien qui attribue à l'homme la faculté de connaître par idée. Si Dieu donne le pouvoir à l'homme de se former lui-même des idées, il convient de comprendre par là qu'il nous a également donné le pouvoir de connaître ce que Dieu a créé, précisément parce que Dieu « a créé l'homme pour être le spectateur et l'admirateur de ses ouvrages » (*ibid.*, p. 84). L'ouvrage de Dieu serait inaccessible à l'homme ? À quoi bon la création alors ? Malebranche semble admettre que l'existence du monde ainsi que notre connaissance du monde repose sur la croyance d'un monde représentatif. En termes kantiens, Malebranche se rend coupable de soutenir une philosophie scandaleuse[1]. L'accusation d'Arnauld comporte la même sévérité : Arnauld accuse Malebranche d'élaborer une

1 Emmanuel Kant considérait que discuter sur l'existence du monde et des choses, relève d'« un scandale de la philosophie et de la raison en général ». Emmanuel Kant, *Critique de la raison pure*, Trad. et présentation par Alain Renaut, GF-Flammarion, Paris, 2001, p. 89.

« Philosophie des fausses idées » (VFI, p. 86). De plus, comme « toutes les volontés de Dieu sont efficaces : il est donc certain que Dieu a donné à nos esprits la faculté de voir les corps » (*ibid.*, p. 91). Le monde pour Arnauld doit être accessible à la connaissance de l'homme. En effet, si Dieu a donné à l'homme la faculté de se former des idées en lui pour connaître les choses qui sont hors de lui, et comme, suite à l'enseignement de la *Méditation Sixième*, Dieu n'est point trompeur, les choses qui sont hors de nous doivent effectivement être accessibles à l'homme.

L'INVALIDATION DE L'HOMME : L'INCAPACITÉ DE CONNAÎTRE ?

Comme le remarque Arnauld, la distinction réelle entre la réalité objective de l'idée et l'âme apercevant a poussé Malebranche à distinguer la vue du regard. Regarder signifie alors une activité des yeux comme « lorsque nous tournons les yeux du corps » (*ibid.*, p. 96) vers un objet matériel. Voir signifie l'activité qui consiste à se tourner vers les êtres représentatifs. Dès lors quel intérêt avons-nous à regarder les choses puisque l'objet de ce regard se trouve « en des pays inconnus » (*ibid.*). Arnauld distingue également, comme nous l'avons vu, les yeux de la vue des yeux de l'esprit. Mais cette distinction n'implique pas une différence d'objet. Nous connaissons les choses matérielles par idée, mais l'idée est *en nous* en même temps que nous percevons, de telle manière que les yeux de l'esprit me font voir cette chose matérielle en même temps avec les yeux du corps. Ainsi, l'être représentatif n'est pas *intimement uni* à mon esprit, comme s'il était extérieur, il est *dans* mon esprit, ce qui signifie qu'il est immédiatement en l'âme apercevant puisqu'il est, en réalité, sa contrepartie.

Selon Malebranche, Dieu ne nous aurait pas donné la faculté de percevoir par nous-mêmes. Le monde de Dieu serait désormais inaccessible pour l'homme parce que Dieu l'aurait créé de manière complexe et parce qu'il ne nous aurait pas donné le moyen de le connaître. En plaçant le lieu des êtres représentatifs en Dieu, Malebranche n'invalide pas seulement la puissance de l'esprit de se former les êtres représentatifs, il limite davantage la puissance de Dieu, car il rend compte de l'incapacité pour l'homme, à qui pourtant Dieu aurait donné la capacité de se former lui-même des idées, c'est-à-dire, de connaître le monde matériel réalisé par Dieu. Dieu aurait fait un monde inaccessible, et en se rendant compte de cette inaccessibilité, il aurait créé un monde des êtres représentatifs. La création aurait-elle été insuffisante ou, c'est parce qu'en nous créant insuffisant Dieu a été contraint d'envisager un monde des idées ? Ce sont, aux yeux d'Arnauld, les implications philosophiques et religieuses de la théorie malebranchienne des idées, raison pour laquelle

> [...] on n'en devrait pas moins rejeter comme des chimères tout ce qu'il dit sur cela, parce qu'il est manifestement contraire à ce que nous savons certainement se passer dans notre esprit, qui est la plus certaine des expériences, et aux lois générales que Dieu s'est prescrites à lui-même pour nous donner la connaissance de ses ouvrages (VFI, p. 136).

Si Malebranche considère que les êtres représentatifs sont extérieurs à l'âme apercevant, il convient de montrer quel est le lieu où ces êtres se trouvent. Selon Arnauld, « après les avoir promenés partout », Malebranche n'aurait pas trouvé une présence locale de ces êtres, il ne pouvait donc « les placer qu'en Dieu » (*ibid.*, p. 98). La théorie de Malebranche invalide dès lors la puissance de l'âme apercevant puisque les objets de cette perception ne seraient pas perceptibles, « notre esprit est incapable de les apercevoir » (*ibid.*). Cette incapacité de la perception se traduit désormais par l'incapacité cognitive humaine indépendante de Dieu. Cela correspond à la « déchéance du Cogito[2] », car si les idées sont en Dieu, nulle nécessité du *Cogito*. Pourtant, comme le rappelle Arnauld, c'est Dieu qui a donné à l'homme la possibilité de connaître. Ce que refuse alors Malebranche c'est l'innéisme des idées puisqu'il considère que les idées ne sont pas *en nous*. La justification de la vision en Dieu des idées correspond donc à une dénonciation de la théorie innéiste jugée, aux yeux de Malebranche, ambigüe ou du moins problématique dans sa relation avec la perception. Si Arnauld critique la théorie de la vision en Dieu des idées, c'est parce qu'il prolonge la théorie des idées innées héritée de Descartes.

En montrant qu'« il est absolument nécessaire que Dieu ait en lui-même les idées de tous les êtres qu'il a créés, puisqu'autrement il n'aurait pas pu les produire[3] », Malebranche répond à la question sur *l'origine*

2 Ferdinand Alquié, *Le cartésianisme de Malebranche*, *op. cit.*, p. 212.

3 Nicolas Malebranche, *Recherche*, OCM, I, p. 437.

des idées : les idées se trouvent en Dieu. En ajoutant que « Dieu est très étroitement uni à nos âmes par sa présence, de sorte qu'on peut dire qu'il est le lieu des esprits[4] », Malebranche répond à la *nature* du lien : c'est la présence de Dieu qui assure ce lien. Ainsi, contre la théorie des idées innées, Malebranche assure que c'est « Dieu [qui] peut faire voir aux esprits toutes choses[5] ». La présence de Dieu dans l'âme correspond donc à la nature de la relation entretenue entre l'être représentatif et l'âme apercevant. C'est donc en intimité avec Dieu que nous découvrons les êtres représentatifs. Il est alors évident que « cela met les esprits créés dans une entière dépendance de Dieu » (VFI, p. 153).

Pour justifier sa théorie, Malebranche avance l'argument de la simplicité des voies. Cependant, c'est au nom du même principe qu'Arnauld postule la théorie des idées innées et refuse l'indépendance des êtres représentatifs à l'égard de l'âme apercevant. Arnauld considère en effet qu'il est plus simple pour Dieu de nous donner la faculté de nous former ces êtres représentatifs. À cet égard, Arnauld défend une conception d'une âme active, capable de se former elle-même des idées. Il souligne en effet « qu'il n'y a aucune raison de croire que notre âme soit purement passive, au regard de toutes ses perceptions, et qu'il est bien plus vraisemblable qu'elle a reçu de Dieu la faculté de s'en former plusieurs (VFI, p. 214) ». Dans la *Logique*, les auteurs soulignaient contre le sensualisme qu'« il faut avouer que les idées [...] ne tirent en aucune sorte leur origine des sens ; mais que notre ame a la faculté de les former de soi-même » (LPR, p. 70-71). L'innéisme des idées est donc un argument fondamental pour Arnauld dans la constitution d'une théorie des idées. Tantôt pour s'opposer au sensualisme, maintenant pour montrer la fausseté du principe malebranchien. C'est l'enseignement de Descartes qu'Arnauld suit. Descartes s'insurge, en effet, contre le sensualisme qui postule l'existence des choses hors de moi, et qui, par une abstraction des sens, présuppose que l'image des choses serait envoyée à mon esprit. Mais, comme nous l'avons souligné, Descartes a également anticipé tout autre moyen, autre que les sens, qui prétendrait que l'âme reçoit les idées de l'extérieur. Il est donc évident que Descartes appelle à la prudence.

4 *Ibid.*
5 *Ibid.*, p. 438.

INVALIDATION DU MONDE : L'IMPOSSIBILITÉ D'ÊTRE CONNU ?

La théorie malebranchienne de l'être représentatif pose le problème du statut des êtres créés par Dieu. Autrement dit, elle condamne la possibilité de voir le monde autrement que par les êtres représentatifs. Mais le monde que Dieu a créé ne serait un monde accessible que par l'intermédiaire des êtres représentatifs ? Pour Arnauld, si la volonté de Dieu est efficace concernant la formation de nos idées, il convient de comprendre qu'elle est également efficace concernant la nature. Dieu aurait, en effet, donné « aux corps la faculté passive, pour parler ainsi, d'être vus par notre esprit » (VFI, p. 91). En ce sens, Arnauld semble poursuivre l'argument de Descartes dans sa *Méditation Sixième.* Descartes souligne, en effet, que « de cela seul que Dieu n'est point trompeur [...] je crois pouvoir conclure assurément que j'ai en moi les moyens de les connaître [les choses corporelles] avec certitude[6] », et qu'« il n'y a point de doute que tout ce que la nature m'enseigne contient quelque vérité. Car, par la nature, considérée en général, je n'entends maintenant autre chose que Dieu même, ou bien l'ordre et la disposition que Dieu a établie dans les choses créées[7] ». Nulle nécessité donc de se détourner de la créature de Dieu comme s'il avait voulu nous tromper en créant un monde occulte, inaccessible aux yeux de l'esprit. Et quel aurait été le sens de la création si nous réduisons l'accès au monde par des êtres représentatifs ? Dieu ne nous a-t-il pas donné la possibilité d'admirer sa création par nous-mêmes ? Malebranche semble voiler cette création en posant, entre les créatures et ma pensée, les êtres représentatifs. Le seul accès possible à la connaissance des ouvrages de Dieu serait désormais l'être représentatif de ces créatures. Mais si nous avons besoin de ces êtres représentatifs du monde, il convient alors de comprendre quelle est alors la conception du monde représenté, de celui qui est inaccessible, et pourquoi il le serait.

Malebranche justifie l'existence de ces êtres parce que « le monde présent est un ouvrage négligé [...], le débris d'un monde plus parfait[8] ».

6 AT, IX, p. 64 ; MM, *Méditation Sixième*, p. 191.
7 *Ibid.*
8 Cité par Antoine Arnauld, *Réflexions*, OA, XXXIX, p. 227.

Pour Malebranche en effet, « Dieu, découvrant dans les trésors infinis de sa Sagesse, une infinité de mondes possibles, s'est déterminé à créer celui qui aurait pu se produire et se conserver[9] ». Toutefois, cette création n'est pas déterminée par la perfection de l'ouvrage, mais, comme le souligne Malebranche, « par les loix les plus simples, ou qui devoit être le plus parfait par rapport à la simplicité des voies nécessaires à sa production ou à sa conservation[10] ». Malebranche soutient désormais que l'acte divin serait conditionné par la simplicité des voies. Dieu aurait-il fait un choix entre la perfection de ses ouvrages et la simplicité par laquelle il pouvait les produire et les conserver ? C'est en effet la position qu'il justifie en soutenant que « Dieu pouvoit sans doute faire un monde plus parfait que celui que nous habitons[11] », mais si cette perfection n'a pas été réalisée c'est parce qu'« il auroit fallu qu'il eût changé la simplicité de ses voies[12] ». La simplicité des voies l'emporte donc sur la perfection. Le monde serait donc imparfait, un ouvrage négligé au nom de la simplicité de sa production. Ainsi, à l›égard de cette nature imparfaite, l'homme n'est porté qu'à considérer cette création comme étant « l'ouvrage d'une nature aveugle, et qui agit sans dessein[13] ». L'argument de Malebranche consiste à admettre que les défauts du monde s'expliquent parce que Dieu a fait primer la simplicité des voies. Toutefois, quand les hommes jugent de cette imperfection de la nature, c'est parce qu'ils « ne voient que l'ouvrage de Dieu, et ne savent point la manière dont Dieu s'est servi pour le construire[14] ». Comme le rappelle Denis Moreau, l'insatisfaction du monde présent a été dénoncée par Leibniz quand il « expliquait que "dans une république comme dans le monde, il y a, en gros, deux genres d'hommes : les uns contents de l'état présent, les autres ennemis[15]" ». Arnauld appartient à la première catégorie non pas qu'il est content de l'état présent du monde, mais parce que l'état présent du monde est, en tant qu'ouvrage de Dieu, le monde auquel nous avons accès. La relation de l'homme au monde est possible, mais seulement

9 *Ibid.*, p. 182.
10 *Ibid.*
11 *Ibid.*
12 *Ibid.*
13 *Ibid.*, p. 223.
14 *Ibid.*, p. 224.
15 Cité par Denis Moreau, *Deux cartésiens. La polémique entre Antoine Arnauld et Nicolas Malebranche*, *op. cit.*, p. 89.

si nous assumons ce monde accessible, et si nous voyons en lui, l'œuvre de Dieu. L'imperfection du monde permet alors de justifier l'existence réelle des êtres représentatifs. Si le monde est imparfait et si l'homme n'est point capable de se former des idées, quelle est alors la voie par laquelle nous pouvons connaître quelque chose ? Malebranche considère que « le verbe Éternel est la Raison universelle des esprits [...] laquelle quoique consubstantielle à Dieu même, ne laisse pas de répondre à tous ceux qui savent l'interroger par une attention sérieuse[16] ».

C'est donc en consultant cette « Raison » que l'âme apercevant peut recevoir l'idée de la chose perçue. En effet, selon Malebranche, si nous ne voyons pas les choses mêmes, ou que nous ne les voyons que par le biais des êtres représentatifs de ces choses, c'est parce que nous ne voyons rien d'autre que ces êtres représentatifs. Le monde est alors effectivement inaccessible à la connaissance autrement que par ces êtres représentatifs. La conséquence d'une philosophie des êtres représentatifs est telle que, en fin de compte, nous ne voyons pas le soleil, mais un être *réel* représentant le soleil. Malebranche dédouble alors le monde : un monde visible et un monde des êtres représentatifs. Le monde accessible à l'homme est celui qui ne se trouve pas en lui de manière objective, mais qui se trouve en dehors de lui de manière *réelle*. L'erreur de Malebranche a été de considérer que le seul monde accessible est le monde des représentations. En ce sens, il invalide, non seulement la puissance divine concernant la création, mais aussi la possibilité pour ce monde d'être aperçu. La présentation du monde est voilée par la représentation, qui semble constituer pour Malebranche, un monde *réel* à part.

Pour Arnauld, au contraire, si nous voyons une créature de Dieu, c'est parce que nous percevons immédiatement cette créature, c'est-à-dire que nous la percevons en idée. Cela signifie que la perception nous fait voir en même temps la créature matérielle que Dieu a créée. Arnauld remarque en effet qu'« un soleil intelligible n'est autre chose [...] que le soleil matériel, selon qu'il est dans l'entendement de celui qui le connaît[17] ». C'est précisément ce *en même temps* qui manque dans la théorie de Malebranche. L'immédiateté chez Arnauld est, comme nous l'avons remarqué, une immédiateté interne à l'âme. L'acte de connaissance correspond à un acte unique qui rend compte de deux rapports à l'âme.

16 Nicolas Malebranche, *Traité de la Nature et de la Grâce*, OCM, V, I, p. 24-25.

17 Antoine Arnauld, *Défense*, OA, XXXVIII, p. 513.

En montrant ces rapports, Arnauld montre en même temps que la connaissance de la chose correspond à une activité de l'esprit, qui est présentation et représentation en même temps. Selon Malebranche, étant donné que cette immédiateté est externe, nous devons supposer, au détriment de la création divine, une création des êtres représentatifs. Dieu aurait donc créé un monde matériel inaccessible aux hommes, et un autre, intimement lié aux hommes, mais externe. Malebranche considère en effet qu'« il faut prendre garde que le soleil, par exemple, que l'on voit n'est pas celui que l'on regarde. Le soleil et tout ce qu'il y a dans le monde matériel n'est pas visible par lui-même [...]. L'âme ne peut voir que le soleil auquel elle est immédiatement unie[18] ». Pour Arnauld, cela implique que nous ne voyons jamais le soleil, « mais un autre soleil, auquel notre âme est immédiatement unie » (VFI, p. 97). Arnauld considère que l'intelligible, c'est la chose matérielle créée par Dieu, en tant qu'elle est dans l'entendement humain.

Le monde de Malebranche est donc dédoublé. Dès lors, le monde regardé est un monde d'illusions, de fictions. Mais supposer que le monde est une illusion signifie invalider le regard de l'homme. Ainsi, au lieu de montrer comment nous connaissons les objets, « qui était uniquement ce que l'on cherchait » (*ibid.*, p. 98), Malebranche souligne que notre esprit est « incapable de les apercevoir » (*ibid.*). Selon Arnauld, nous vivons alors « dans une continuelle illusion, en croyant *voir* les choses matérielles que Dieu a créées, lorsque nous les *regardons*, c'est-à-dire, que nous tournons nos yeux vers elles ; et cependant ne voyant au lieu d'elles que des corps *intelligibles*, qui leur ressemblent » (*ibid.*). Malebranche doit alors trouver un lieu pour ces êtres, pour ce monde intelligible. Autrement dit, de trouver le lieu où se trouve ce monde intelligible qui permet de connaître le monde matériel. Arnauld considère qu'« après les avoir promenés partout », Malebranche n'a pu « les placer qu'en Dieu » (*ibid.*). Mais le dédoublement du monde implique également une conception particulière de la puissance de Dieu. Si, d'un point de vue philosophique, les choses matérielles peuvent être connues, c'est parce que les choses matérielles sont objectivement présentes en mon esprit, et si, d'un point de vue religieux, je peux connaître les choses matérielles, c'est parce que notre âme possède la faculté de voir effectivement le monde matériel créé par Dieu. En effet, si Dieu a joint l'âme

18 Cité par Antoine Arnauld, VFI, p. 97 ; Nicolas Malebranche, *Recherche*, OCM, III, p. 149.

au corps, ça ne peut être que pour que ce dernier soit connu. Le corps joint à l'âme n'est donc pas un corps inaccessible, il est celui que Dieu a voulu que je puisse connaître.

Nier l'accès à la création divine consiste alors à limiter la puissance de Dieu de trois manières. En considérant que le monde créé par lui est une illusion (Dieu trompeur et monde inaccessible) et, en considérant que l'âme ne possède pas la capacité, pourtant donnée par Dieu, de se former elle-même des idées par lesquelles elle peut connaître (inutilité des capacités humaines).

LE PROBLÈME DU LIEU, LE PROBLÈME DE DIEU

L'ÉTENDUE INTELLIGIBLE INFINIE

En considérant que les idées se trouvent en Dieu, et en supposant que la présence de Dieu assure la relation entre les êtres représentatifs et l'âme apercevant, Malebranche répond à la question du lieu des idées, ainsi qu'à la question portant sur la nature du lien entre ces êtres et l'âme. Mais il subsiste encore une question. *Comment* les êtres représentatifs se trouvent en Dieu, c'est-à-dire comment Malebranche justifie que la manière dont les idées sont en Dieu, est plus simple et donc plus conforme à l'action divine que la manière dont elles se trouvent en l'homme. Malebranche lui-même soulève cette question en considérant que « voir en Dieu ses ouvrages, et la manière dont on les voit, ne sont pas tout à fait la même question[1] ». Nous voyons les ouvrages de Dieu par le biais des êtres représentatifs, et la manière dont on les voit est l'étendue intelligible. En effet, en affirmant que les êtres représentatifs possèdent une réalité réelle, et en trouvant le lieu de résidence, ce lieu ne peut être autre qu'une étendue. Cette étendue, souligne Arnauld, est « une vraie étendue ; puisqu'il [Malebranche] l'appelle *espace et corps*, et qu'il lui attribue *différentes parties, les unes plus grandes et les autres plus petites*[2] ». Mais cette étendue n'est pas sensible. Elle ne peut pas être vue par la vue des yeux, mais en tant qu'objet immédiat de la pensée (dans le sens de Malebranche), elle n'est vue que par les yeux de l'esprit. Cette étendue est donc intelligible. Aussi, cette étendue doit abriter l'infinité d'idées possibles dans une idée unique. C'est ainsi que Malebranche

1 Nicolas Malebranche, *Réponses au livre Des Vraies et des Fausses Idées*, OCM, VI, p. 111.
2 Antoine Arnauld, *Défense*, OA, XXXVIII, p. 513.

justifie la simplicité des voies. Or, si nous disons qu'elle regroupe toutes les idées possibles, elle doit être infinie.

Dès lors, les choses matérielles ne peuvent être vues autrement que par cette étendue intelligible, en qui toutes les idées des choses seraient formées. Une étendue qui abriterait l'essence de toutes les choses matérielles correspond désormais à la structure essentielle du monde. Pour Malebranche, en effet, « rien n'est plus clair que voir une boule par *ce qu'il y a en Dieu, qui la représente* ; c'est la voir par l'idée de l'étendue archétype de tous les corps[3] ». Malebranche semble supposer que la multitude d'idées peut être présente dans une idée unique, essentielle, archétypale. Ce qu'il y a en Dieu représente donc la chose. Voir les idées en Dieu consiste alors à voir l'idée archétype de toutes ces choses. Notons que la critique des êtres représentatifs effectuée par Arnauld annonçait la critique d'une conséquence inéluctable, celle qui consiste à trouver un lieu pour ces êtres. Comme le souligne Denis Moreau, « prouver, comme Arnauld tente de le faire, que la nature de nos idées est telle qu'elles (ne) sont (que) des modifications de notre esprit, c'est bien montrer qu'elles ne sont pas en Dieu[4] ». Dans l'hypothèse d'une distinction réelle, où atterrit le réalisme de Malebranche, la connaissance des choses matérielles est impossible sans l'intermédiaire de Dieu. Contrairement à Arnauld qui considère que le monde sensible possède une « faculté passive d'être aperçue », pour Malebranche, l'insuffisance ontologique du monde implique désormais l'intervention de la puissance divine. En maximisant la consistance ontologique de l'être représentatif, conséquence directe d'une distinction réelle entre les réalités de l'idée, Malebranche est contraint de minimaliser la consistance ontologique du monde. Celui-ci ne devient accessible que par l'être représentatif qui se trouve en Dieu, par le moyen de l'étendue intelligible infinie. Cette intervention divine n'agit donc pas seulement en vue d'accorder le salut aux hommes, mais, pour reprendre l'expression de J. Moreau, cette intervention agit comme « Lumière des Esprits[5] ». C'est un reproche qu'Arnauld adresse à Malebranche, car en considérant cette

3 Nicolas Malebranche, *Réponses au livre Des Vraies et des Fausses Idées*, OCM, VI, p. 111.

4 Denis Moreau, *Deux cartésiens. La polémique entre Antoine Arnauld et Nicolas Malebranche*, *op. cit.*, p. 154.

5 Joseph Moreau, « Le réalisme de Malebranche et la fonction de l'idée », *Revue de Métaphysique et de morale*, 51e année, numéro 2, avril 1946, p. 103.

illumination divine dans « les connaissances purement naturelles », l'Oratorien semble confondre « la manière dont le Saint Esprit nous éclaire dans l'ordre de la Grâce » (VFI, p. 214), où effectivement, comme le soutient également Arnauld, la lumière divine est indispensable[6]. En confondant les sphères, Malebranche soutient que d'un point de vue de la connaissance, la « faculté de recevoir différentes modifications dans l'esprit est entièrement passive, et ne renferme aucune action[7] ». Cela signifie que l'âme ne *se* représente pas l'objet de sa perception puisque cette représentation ne serait pas perceptible.

Se pose alors le problème de la distinction entre la connaissance proprement humaine et la connaissance de Dieu. En effet, en plaçant les idées en Dieu, et en étant obligé à consulter ces idées par le moyen de cette Raison, ou cette étendue intelligible infinie, l'esprit partage l'entendement divin et semble dès lors participer à sa connaissance. Si Dieu est le lieu des idées, et que l'esprit consulte ces idées par le moyen de l'étendue intelligible, c'est cette consubstantialité entre l'être représentatif et Dieu qui doit être consultée par « tous ceux qui savent l'interroger par une attention sérieuse[8] ». Cette consubstantialité signifie que la connaissance humaine se trouve en Dieu. Placer la condition de possibilité de la connaissance humaine en Dieu, correspond à prendre pour la même chose la connaissance de l'homme et celle de Dieu. Si Arnauld refuse de considérer que les idées de l'homme se trouvent en Dieu, c'est précisément pour éviter cette confusion. L'univocité de la connaissance est le résultat d'une confusion de questions portant sur les idées. L'idée ne peut pas être un être représentatif distingué de la perception. En les distinguant réellement, la conséquence inéluctable consiste à trouver un lieu à ces êtres. En trouvant ce lieu en Dieu, Malebranche répond que la *nature de l'idée est d'être en Dieu*. Arnauld, qui prolonge la conception cartésienne des idées, considère que chez Descartes il n'y a pas de distinction réelle entre les réalités de l'idée. En ce sens, il livre une conception d'un esprit actif.

6 En ce qui concerne le salut, Arnauld défend la nécessité de la Grâce efficace et s'oppose alors à ceux qui prétendent, comme les molinistes, que le salut de l'homme peut s'atteindre par la grâce suffisante. En ce sens il rejoint Malebranche. Mais en ce qui concerne la connaissance des vérités naturelles, Dieu n'intervient que pour donner à l'homme la possibilité de se former lui-même ses propres idées.

7 Cité par Antoine Arnauld, VFI, p. 214. Nicolas Malebranche, *Recherche*, OCM, I, p. 43.

8 Nicolas Malebranche, *Traité de la Nature et de la Grâce*, OCM, V, p. 24-25.

L'INUTILITÉ DE L'ÉTENDUE INTELLIGIBLE INFINIE

Arnauld refuse de considérer l'étendue intelligible infinie « comme un moyen de voir les choses que nous ne connaissons pas, et que nous voudrions connaître » (VFI, p. 130). Il souligne l'inutilité de cette prétendue étendue intelligible infinie. En effet, si l'âme doit consulter cette étendue pour connaître ce qu'elle ne connaît pas, Arnauld ne comprend pas comment elle voudrait connaître ce qu'elle ne sait pas vouloir connaître. C'est également l'avis de Descartes lorsqu'il considère que « nous ne saurions rien vouloir sans savoir que nous le voulons, ni le savoir que par une idée[9] ». Nous ne disons pas que nous voulons connaître ce que nous ne savons pas que nous voulons connaître. Pour connaître quelque chose, il faut que l'objet de cette connaissance soit déjà objectivement présent auprès de l'âme, c'est-à-dire sous forme objective, au sein même de l'âme apercevant. Si c'est le cas, l'étendue intelligible infinie n'est « d'aucun usage ». Elle serait en effet superflue puisque l'objet se trouverait déjà de manière objective dans l'acte unique qui consiste à apercevoir. Si cet objet n'est pas présent de manière objective, que consulterions-nous à l'étendue intelligible puisque nous ne pouvons pas savoir ce que nous ne savons pas ? Arnauld fournit un exemple pour illustrer l'inutilité de l'étendue intelligible infinie.

Un peintre s'entretenant avec un ami lui témoigne de son amour pour saint Augustin et de son souhait « de savoir au vrai, si cela se pouvait, comment était fait ce grand Saint ». Son ami lui apporta « un grand bloc de marbre, une grosse masse de fort belle cire, et une toile pour peindre » et affirma donner par là « le moyen de le savoir ». Cet ami considère en effet « que le véritable visage de ce Saint est certainement dans le bloc de marbre, aussi bien que dans ce morceau de cire : vous n'avez seulement qu'à en ôter le superflu, ce qui restera vous donnera une tête de saint Augustin tout à fait au naturel ». Le peintre surpris demeure pourtant d'accord « que le vrai visage de saint Augustin est dans ce bloc de marbre, et dans ce morceau de cire : mais il n'y est pas d'une autre manière que cent mille autres ». Le peintre considère dès lors que le visage ainsi réalisé serait fait au hasard. Mais si le peintre rencontrait

9 René Descartes à Mersenne, 28 janvier 1641, AT, III.

le visage d'Augustin, il ne serait « pas plus avancé ; car ne sachant point du tout comment était fait saint Augustin, il serait impossible que je susse si j'aurais bien rencontré ou non » de telle manière que le moyen donné par son ami « est donc tout à fait plaisant ; car c'est un moyen qui suppose que je le sais, et qui ne me peut servir de rien si je ne le sais » (VFI, p. 132-133).

La connaissance selon Malebranche présuppose pour Arnauld que nous connaissions déjà. L'étendue intelligible apparaît dès lors effectivement inutile. En effet, en plaçant l'être représentatif dans une étendue intelligible infinie, et que l'âme apercevant consulte, en tant qu'il est son objet immédiat, Malebranche n'explique pas comment l'âme apercevant « sait » quel est l'être représentatif qui représente l'objet de cette *perception ignorante*. Autrement dit, Malebranche doit supposer un savoir propre à la perception et préalable à la consultation de l'étendue intelligible infinie. S'il accepte ce savoir, les êtres représentatifs ne seraient alors d'aucune utilité puisque ce savoir signifierait que la perception et l'être représentatif s'accomplissent dans un acte unique et interne à l'âme qui consiste à connaître. Mais en acceptant, et en prolongeant le prétendu dualisme cartésien de l'idée, Malebranche refuse cette option, et nie ce savoir propre à la perception. Ce faisant, il n'explique pas comment l'âme retrouve l'être représentatif qui correspondrait à la représentation objective de la chose matérielle. Pour Malebranche quand la perception se trouve face à l'étendue intelligible infinie, il suffit qu'elle attache une qualité sensible à une partie de cette étendue afin de voir en elle « tout corps sensible que je ne connaîtrais pas et que j'aurais besoin de connaître » (VFI, p. 133). Arnauld remarque que pour attacher une qualité sensible, telle que la couleur, à une partie de cette étendue intelligible, « il faudrait encore pour cela que je connusse ce corps sensible, afin d'appliquer à une partie de l'étendue une couleur convenable » (*ibid.*), ce qui présuppose donc une connaissance préalable de ce que nous voulons connaître, « car, si j'appliquais une couleur rouge à cette partie de l'étendue, ce ne serait pas le moyen d'y voir un objet sensible qui ne pourrait être que vert » (VFI, p. 133). Bref, pour Arnauld, nous ne pouvons pas connaître ce dont nous n'avons aucune idée.

Ainsi, selon Malebranche, si nous souhaitons connaître quelque chose de sensible, nous devons préalablement passer par les êtres représentatifs qui se trouvent en Dieu, et le moyen est l'étendue intelligible infinie que Dieu renferme. Pour sa part, Arnauld considère que l'étendue intelligible est inutile, car il faut présupposer une connaissance préalable qui puisse permettre d'identifier ce que nous ne savons pas avec ce que nous voulons savoir et, si un homme « en a déjà une idée, il connaît cet objet, et il lui est inutile d'en former une nouvelle dans cette étendue intelligible infinie » (*ibid.*, p. 135, souligné dans le texte). Autrement dit, Malebranche ne nous dit pas quel serait le moyen donné à la perception pour qu'elle puisse voir « dans cette étendue une figure que j'aurais seulement ouï nommer, et que je ne connaîtrais point » (*ibid.*, p. 133). Malebranche place donc le questionnement philosophique dans une direction qui oblige à considérer le sens des choses comme étant externe au sujet apercevant. Pour Arnauld, il s'agit de replacer le sens *en nous*. Ce faisant, le sens des choses est un sens qui se donne en même temps que l'âme aperçoit.

Toutefois, Malebranche semble considérer qu'« un homme ne peut pas se former l'idée d'un objet, s'il ne le connaît auparavant, c'est-à-dire s'il n'en a déjà l'idée[10] ». Il semblerait que cette considération suit le même sens que celui donné par Arnauld. Néanmoins, le « auparavant », tout comme le « déjà » chez Malebranche, comporte une signification différente à celle donnée par Arnauld. Chez Malebranche, la connaissance préalable à la formation des idées signifie que l'âme a déjà consulté l'étendue intelligible infinie, qui lui a fourni ces idées. Et, si l'âme a déjà consulté cette étendue, c'est précisément parce que l'être représentatif qui se trouve en elle est, selon Malebranche, son objet immédiat. Or, cette immédiateté n'est pas, chez Arnauld, extérieure à la pensée. Elle est ce qui renferme l'être représentatif et l'âme apercevant dans un acte unique, c'est-à-dire qu'elle est *en même temps* la représentation objective de l'objet et l'âme apercevant. Cette signification de l'immédiateté évite alors de se pencher sur le lien supposé externe entre la chose aperçue et l'âme apercevant. Pour Malebranche, avoir une idée suppose que nous ne l'avons pas avant de l'avoir reçue ou de l'avoir consulté ailleurs qu'en nous. Cette théorie postule donc l'idée en tant qu'acquisition de l'âme apercevant. En effet, Malebranche défend que dans le processus de connaissance de la chose matérielle, l'activité première de l'âme consiste à contacter l'étendue intelligible infinie, car sans elle, l'âme serait incapable

10 Cité par Antoine Arnauld, VFI, p. 135 ; Nicolas Malebranche, *Recherche*, OCM, I, p. 424-425.

de se former ces idées. Cette activité de l'âme ne correspond donc pas à une inspection de l'esprit, mais demande au contraire que l'âme sorte d'elle-même pour apercevoir l'idée ailleurs qu'en elle-même. *L'activité première de l'âme consiste* désormais *à consulter l'étendue intelligible infinie pour acquérir l'idée. Philosophie des idées qui pose donc comme principe premier de l'âme la consultation externe et comme principe deuxième, l'acquisition de l'idée.* Chez Arnauld, l'activité première de l'âme signifie au contraire *se* présenter ou *se* rendre présent et *se* représenter en même temps. En ce sens, connaître la chose demande un retour sur soi, une inspection de l'esprit.

L'inquiétude d'Arnauld se focalise dans la relation entre l'idée en général et l'idée particulière. Il considère qu'il est inutile pour l'esprit de contacter l'étendue intelligible pour trouver l'idée de la chose particulière, « et être assuré que cette idée est parfaitement semblable à celle qu'il cherche, s'il n'a *déjà* une première idée de cette figure, avec laquelle il confère cette seconde » (VFI, p. 136, nous soulignons). Dans cette perspective, Arnauld place les idées qui se trouvent dans l'étendue intelligible infinie au rang d'idées secondes, mais comme il le souligne, si l'esprit « en a une première, il lui est inutile d'en chercher une seconde dans l'étendue intelligible » (*ibid.*). En postulant la réalité *réelle* des êtres représentatifs que nous voyons en Dieu par le moyen de l'étendue intelligible infinie, Malebranche refuse la capacité de l'âme à se former elle-même ses propres idées. Malebranche refuse donc l'innéisme des idées, qu'il trouve incompatible avec l'idée conçue comme une perception. Mais en refusant l'innéisme des idées, Malebranche refuse « que je sois à moi-même mon maître, ma raison, ma lumière ; et que pour m'instruire solidement, il suffise que je me consulte moi-même » (*ibid.*, p. 152). C'est donc encore cette incapacité humaine qui justifie aux yeux de Malebranche « que nous voyons toutes choses en Dieu » (*ibid.*). Ce faisant, la connaissance humaine dépend de l'intervention divine, car « notre esprit n'était point capable de s'éclairer lui-même au regard des choses matérielles, ni d'être lui-même sa propre lumière » (*ibid.*, p. 160). Malebranche confond donc la cause de l'idée et la nature de l'idée, et ce faisant il confond également l'origine des idées. Concernant la nature de l'idée, Malebranche répond que c'est Dieu. Concernant l'origine des idées, Malebranche répond qu'elle est Dieu par le moyen de l'étendue intelligible infinie. Pour sa part, Arnauld distingue de manière rigoureuse la cause de l'idée, qui est efficiente, de l'origine des idées qui est *en nous*. Dieu a créé notre âme, et il lui a donné les idées. Mais ce qui est le plus important, c'est que Dieu a voulu que nous connaissions ces idées. Elles nous permettent en effet d'admirer et de connaître la création divine. Mais il y a plus.

En connaissant les créatures de Dieu, nous nous apercevons comme étant une de ces créatures. Par là, nous reconnaissons notre propre finitude. Cette reconnaissance implique la reconnaissance de l'infinité de Dieu. C'est donc en nous donnant les idées que Dieu nous a en même temps donné la possibilité de le connaître par nous-mêmes. À la manière de Descartes, Arnauld considère que l'âme est, du point de vue de la connaissance des choses naturelles, et à partir de ce que Dieu lui a donné, complètement active et indépendante de l'intervention divine. En ce qui concerne la connaissance, l'âme est donc autosuffisante.

C'est en ce sens qu'Arnauld concilie, en un geste unique, l'universalité de l'être représentatif et la singularité de l'âme apercevant. C'est en effet « par l'inspection de l'esprit, sa contention, qu'il peut passer de l'universalité de la notion à la singularité[11] » d'un objet. Et si l'esprit le peut, c'est précisément parce que la consistance ontologique de toute chose est une consistance ontologique dont on pourrait dire à la suite de l'enseignement husserlien, qu'elle est « *en soi* », mais qu'elle est fondamentalement accompagnée par « le "*pour moi*" *accidentel* des actes singuliers[12] ». Selon Descartes, « nous devions jamais rien conclure touchant les choses qui sont hors de nous, sans que l'esprit les ait soigneusement et mûrement examinées[13] ».

En considérant que Dieu renferme en lui l'étendue intelligible, Malebranche postule « que nous voyons Dieu en voyant des corps » (VFI, p. 157), car le corps que nous regardons n'est pas un corps sensible, mais un corps intelligible « qui lui ressemble, et qui fait partie de cette étendue intelligible que Dieu renferme » (*ibid.*). Arnauld refuse cette théorie qui divinise la connaissance en faisant croire aux hommes que ce qu'ils voient n'est pas ce qu'ils voient. Elle implique en effet, à ses yeux, que la recherche de la connaissance doit se réduire à la contemplation des êtres

11 Marc Peeters, *Descartes*, éd. Le Cavalier Bleu, Paris, 2011, p. 66.

12 Edmund Husserl, *Méditations cartésiennes. Introduction à la phénoménologie*, Paris, éd. Vrin, 1947, p. 107.

13 AT, IX, p. 65-66 ; MM, *Méditation Sixième*, p. 195.

représentatifs. Mais ce qui inquiète le plus Arnauld, c'est que l'objectif principal de Malebranche consiste à unir intimement l'homme à Dieu. Cette intention est, aux yeux d'Arnauld, plus qu'un échec parce que, au contraire, elle aboutit à séparer l'homme de Dieu. Arnauld souligne en effet que cette intention ne pouvait s'accomplir qu'en procurant le lieu spatial des êtres représentatifs dans une étendue intelligible, mais Malebranche, au lieu d'unir les esprits à Dieu, son erreur a été de vouloir les « unir à une étendue intelligible infinie, que l'on prétend que Dieu renferme » (VFI, p. 158). Ainsi, si « nous sommes redevables à Dieu », ce n'est pas parce que les idées grâce auxquelles nous pouvons connaître se trouvent en lui, mais seulement parce que, comme le souligne Arnauld,

> c'est lui qui a donné à notre âme la faculté de les produire, que parce qu'en mille manières, qui nous sont cachées, selon les desseins qu'il a eus sur nous de toute éternité, il dispose par les ordres secrets de sa providence toutes les aventures de notre vie (*ibid.*, p. 224).

L'union de l'homme à Dieu pousse Malebranche à se rendre coupable de confondre l'étendue intelligible infinie avec Dieu. Arnauld rapporte l'origine de cette erreur à Augustin, mais il montre comment Augustin lui-même fait part de cette erreur quand il a cessé d'être manichéen. Et en effet, Augustin témoigne « qu'il ne pouvait alors se figurer Dieu que comme une substance infiniment étendue ; mais il déclare aussi que c'était parce qu'il ne pouvait alors le concevoir autrement que corporel » (*ibid.*, p. 158). Arnauld n'a donc pas tort de reprocher à Malebranche la confusion de Dieu et de l'étendue intelligible. Malebranche suppose en effet que « nous voyons toutes choses en Dieu[14] » et pourtant il considère que l'âme apercevant doit consulter l'étendue intelligible pour y voir l'être représentatif. Considère-t-il deux sortes de vues : une qui voit les choses dans l'étendue intelligible et une autre qui les voit en Dieu ? Mais Malebranche ne parle pas de deux visions distinctes quand il se réfère à Dieu ou à l'étendue intelligible. Il confond donc les deux. Or, pour Arnauld, « rien n'est-il plus propre à jeter les hommes dans l'erreur, et à les porter à se représenter Dieu comme une substance corporelle, qui n'est différente des autres corps que par ce qu'elle est infinie ? » (VFI, p. 158-159).

14 Cité par Antoine Arnauld, VFI, p. 152.

En ce qui concerne la connaissance des choses sensibles, Malebranche considère alors que ces choses ne peuvent être connues que par l'intervention de Dieu. Cela implique alors qu'entre l'âme apercevant et le monde sensible il n'y a aucun rapport. La consubstantialité entre l'étendue intelligible infinie et Dieu a pour conséquence inéluctable l'élimination du monde sensible. En essayant de trouver une solution à la prétendue distinction réelle chez Descartes entre la réalité objective de l'idée et l'âme apercevant, Malebranche attribue une résidence aux êtres représentatifs. En ce sens, non seulement il admet cette distinction réelle, mais il semble la radicaliser. Entre ces deux substances, il place en effet une troisième substance intermédiaire : l'étendue intelligible infinie que Dieu renferme. Ce faisant, Malebranche empêche de voir la relation entre le sujet et le monde. Il interpose ainsi un voile entre l'âme apercevant et l'objet aperçu. En réalité, Malebranche élimine l'objet aperçu, le monde n'est qu'une pure fantaisie, une illusion. Mais l'implication est telle que la compréhension qu'il a de Dieu ne peut être autre que celle qui le fait voir comme un Dieu trompeur ; la compréhension de la création, comme une illusion ; celle de l'esprit, comme une faculté impuissante à connaître par lui-même. C'est précisément contre cette position philosophique qui « paraît plus nuisible qu'avantageux à ceux qui s'y voudront arrêter » (VFI, p. 157), car « peu considérable et de peu d'usage pour des Chrétiens » (*ibid.*, p. 159), qu'Arnauld prend position, et c'est précisément pour réfuter cette « philosophie nouvelle » qu'Arnauld s'est décidé d'entreprendre l'écriture du *Des Vraies et des Fausses Idées*.

CONCLUSION

En considérant que l'idée est quelque chose de simple, nous présupposons une première abstraction sur quelque chose de complexe. Le résultat de cette première abstraction nous livre dès lors la nature dans sa simplicité : l'idée comme l'architecture de la nature. Cette abstraction d'esprit montre également que cette architecture se trouve *en nous*. En nous, il convient d'effectuer une deuxième abstraction de raison raisonnée afin de distinguer les réalités de l'idée. Le résultat de cette abstraction nous donne l'architecture de l'idée : présentation et représentation en même temps. En raison de cette abstraction d'esprit, nous pouvons observer deux rapports internes à l'âme : l'idée comme être représentatif et l'idée comme perception. Ces rapports rendent compte de l'idée en tant que modification de l'âme, c'est-à-dire, en tant que modification de la pensée et de l'existence. Ils rendent compte de l'idée comme une action. De plus, ces rapports internes expliquent la communication entre la substance étendue et la substance pensante. Cette communication est interne au sujet, car le monde se trouve en lui de manière objective. Le jugement intervient pour opérer son action prédicative sur les idées. Mais la pensée n'est pas muette. Le jugement réalisé, la connaissance doit se confronter à l'extériorité, elle doit se dire. Ici, le geste arnaldien est décisif, car pour lui, la connaissance n'est pas enfermée dans le sujet pensant. La pensée, même si elle est réfléchissante sur elle-même, elle doit communiquer. La communication apparaît dès lors comme la dernière condition de la pensée dans son activité cognitive. Arnauld ajoute en effet, au sein même de la sphère spirituelle de la pensée, un élément externe : le langage. Il considère que le langage intervient pour permettre cette extériorisation. Dès lors, il risque de compromettre l'intellection pure. C'est alors qu'une troisième abstraction est nécessaire. Il convient en effet d'appliquer au langage ce que nous faisons aux idées : une abstraction de raison raisonnée. Cette abstraction permet de distinguer le support matériel de la signification, elle nous livre ainsi l'architecture du langage. Le résultat de cette opération spirituelle permet de rendre compte qu'un mot est lié à une idée : c'est le langage universel que la *Logique* tente de mettre en place. Cette triple architecture de la connaissance satisfait dès lors aux principes de la raison.

Dans cette perspective, nous pensons qu'Arnauld fournit une théorie de l'idée dont l'importance, réside à nous yeux, dans la reprise constructive du questionnement philosophique cartésien. La reprise correspond ici au prolongement. Arnauld construit avec Descartes. La *Logique* est un texte cartésien. Toutefois, l'originalité réside dans le prolongement de la théorie des idées dans une théorie du *langage raisonné*. Cette triple architecture de la connaissance constitue le fondement de la théorie des idées chez Arnauld. La reprise, à proprement parler, consiste en l'affirmation d'une position philosophique, mais chez Arnauld, elle s'inscrit dans une intention de réfuter les théories opposées au cartésianisme. La *Logique* déclare ouvertement le combat à Hobbes et à Gassendi, et le terrain de ce combat se trouve principalement dans les *Méditations Métaphysiques*.

Mais la reprise du geste cartésien et de ses implications sur la connaissance humaine ne va pas seulement opposer Arnauld aux anti-cartésiens. Dès 1683, Arnauld décide de réfuter la prétendue théorie cartésienne des idées de son ami, le Père Nicolas Malebranche. La polémique qui s'ensuit montre non seulement la mise en place, de chaque côté, de puissantes machines argumentatives de déconstruction, mais elle montre surtout, du côté d'Arnauld, une défense acharnée de son interprétation de Descartes. Il accuse Malebranche de ne pas comprendre l'architecture raisonnée du monde, de l'âme, de l'idée et du langage. L'abstraction est réelle chez Malebranche de sorte que l'idée est scindée en deux entités *réelles*. Pour Arnauld, Malebranche compromet la connaissance scientifique. Mais il y a plus. Affirmer philosophiquement « l'existence très réelle » des êtres représentatifs implique une conséquence théologique qu'Arnauld ne pouvait admettre : l'univocité de la connaissance humaine et divine. La doctrine de la vision en Dieu des idées conduit à affirmer que tous les hommes ont un rapport direct à Dieu. Pour Arnauld, se pose alors le problème de la connaissance des vérités morales. Il souligne en effet que ces vérités ne seraient plus le privilège du bon chrétien, mais que même les « athées, les idolâtres, les plus débauchés [verraient] l'essence divine aussi bien que les plus pieux[15] ». Non seulement c'est le geste cartésien qui est invalidé, mais c'est la création divine que Malebranche semble remettre en question.

D'un point de vue philosophique, Arnauld ne saisit pas la nature du lien entre l'esprit et les idées en Dieu. Pour lui, *l'esprit est une substance en nous dont l'essence est de penser les choses en dehors de nous*. Ce faisant, la relation entre la chose perçue et l'âme apercevant ne s'explique que par l'idée qui est *en nous*. En effet, l'idée en nous représente objectivement la chose qui se trouve en dehors de nous. C'est donc parce que son action consiste à représenter objectivement en nous l'objet extérieur que l'idée rend compte de la relation entre le monde (substance étendue) et l'âme (substance pensante). C'est de cette manière que nous pouvons comprendre la communication entre les substances hétérogènes. Mais

15 Antoine Arnauld, *Règles du bon sens*, in Denis Moreau, *Arnauld. Textes Philosophiques*, *op. cit.*, p. 163.

si, à la manière de Malebranche, nous considérons un être intermédiaire entre le monde et l'âme, il convient de montrer comment s'effectue la communication entre ces substances : elle ne peut être qu'externe. La réponse de Malebranche est insatisfaisante aux yeux d'Arnauld, car en postulant la nature de ce lien par l'intimité avec Dieu, au lieu de répondre à la nature de la communication entre les substances, Malebranche semble rendre la connaissance de Dieu et la connaissance humaine intime. Dès lors, pour Malebranche, toute la connaissance repose dans cette intimité. Arnauld refuse cette univocité de la connaissance de l'homme et de Dieu. Aussi, Malebranche semble également sous-estimer la puissance divine à l'égard de l'homme et du monde. Vis-à-vis de l'homme, car Dieu ne lui aurait pas donné la faculté de connaître. La connaissance de l'homme serait en effet, chez Malebranche, dépendante de Dieu. L'homme est donc, à cet égard, absolument passif. Bref, pour Malebranche la pensée n'est pas représentante, mais en attente de représentation. Vis-à-vis du monde, car en supposant l'existence très réelle des êtres représentatifs, Malebranche supposerait que le monde matériel, tel que Dieu l'a créé, ne peut être perçu par l'homme que par le biais de ces êtres. Le médiat présente chez Malebranche la caractéristique d'être le substitut du monde. En effet, l'être représentatif n'est pas seulement un intermédiaire entre le sujet apercevant et le monde, mais il se substitue au monde de telle manière que le monde *c'est lui*. L'architecture du monde se trouve dès lors dans une étendue qui comprend en elle l'existence de toutes les choses. Désormais, pour connaître le monde, l'homme doit consulter les archives de cette étendue qui, par ailleurs, est intelligible et infinie. En invoquant une substance de substitution du monde, Malebranche sépare radicalement les substances hétérogènes, certes, mais, aux yeux d'Arnauld, communicables.

La triple architecture mise en place dans la *Logique* s'applique dans le *Des Vraies et des Fausses Idées*. Même si la vision en Dieu ajoute un élément à la critique arnaldienne, nous pouvons considérer que cette critique n'ajoute rien à la *Logique*. La *Logique* est une œuvre constructive, complète. Le *Des Vraies et des Fausses Idées* se propose de déconstruire la théorie de Malebranche. L'ouvrage est une attaque sur une conséquence précise de la théorie malebranchienne de l'idée : la vision en Dieu. Les outils mis en place pour montrer l'erreur d'une « philosophie des fausses idées » appartiennent tous à la *Logique*. L'ouvrage de 1683 est un texte réfutatif et, en tant que tel, il n'apporte que des éclaircissements concernant l'application des concepts propre à la *Logique*. Le *Des Vraies et des Fausses Idées* est en ce sens, une illustration de la *Logique* dans un domaine précis. La vision en Dieu des idées est théoriquement inacceptable dès 1662. En effet, la double structure de l'idée est envisagée dans la *Logique* selon une abstraction de raison raisonnée : l'idée est présentation et représentation en même temps. Dès la *Logique*, l'idée se trouve en nous. Arnauld livre les définitions fondamentales de l'idée qui devraient éviter toute confusion : la *nature* de l'idée est d'être présentation et représentation en même temps, elle est une faculté dont *l'origine* se trouve en nous, et dont la *cause* est Dieu. Autrement dit, *l'idée est une chose immatérielle causée par Dieu qui se trouve en nous, et par laquelle nous pouvons connaître ce qui est hors de nous*. La *Logique* permet donc de livrer une définition complète de l'idée, et à partir d'elle Arnauld entreprend, dans un premier temps, son combat à l'égard du sensualisme. Elle lui permet ensuite de polémiquer avec le Père Malebranche.

La double structure de l'idée est reprise au niveau du chapitre V dans l'ouvrage de 1683 afin de réfuter Malebranche qui sépare la perception de la représentation. Mais le combat est différent. Arnauld doit réfuter la vision en Dieu des idées qui marque, à ses yeux, le point de départ de la déchéance du *Cogito*. Mais même si le combat est différent, l'enjeu est le même : la nature, la cause et l'origine des idées. Dès lors, si nous avons soupçonné le *Des Vraies et des Fausses Idées* de compléter théoriquement la *Logique*, au fil de l'élaboration des analyses sur la critique des êtres représentatifs et de la vision en Dieu, nous pensons qu'Arnauld ne nous livre pas d'éléments supplémentaires pour l'élaboration d'une théorie des idées. Mais, considérer qu'il n'y a pas de complétude entre les deux ouvrages ne signifie pas qu'il faille prendre le *Des Vraies et des fausses Idées* comme un ouvrage insignifiant pour comprendre la théorie des idées. En tant qu'application des concepts fondamentaux de la *Logique*, elle explicite souvent ce qui, dans la *Logique*, ou dans la théorie des idées cartésienne, peut être à l'origine de confusions implacables aussi bien pour la philosophie que pour la religion.

L'identité entre la perception et l'idée permet à Arnauld, dans un premier temps, d'invalider la distinction réelle et par conséquent, d'anéantir la possibilité de considérer une réalité *réelle* à l'idée en tant que représentation objective de la chose distinguée de l'âme apercevant. L'idée, comme nous l'avons montré, possède une double structure : elle est présentation et représentation en même temps. Cela signifie que l'idée est l'objet de perception *en même temps* qu'elle est cette perception. En ce sens, l'idée n'est plus ce qui advient à la pensée de l'extérieur à l'occasion d'une circonstance. Pour Arnauld en effet, la pensée n'est pas en attente de représentation, elle ne peut pas être vide. Si l'idée n'est pas à l'extérieur, c'est qu'elle est purement spirituelle. Cette définition garantit donc l'objectif de la *Logique* comme de celui du *Des Vraies et des Fausses Idées* qui consiste à rendre à la pensée sa pureté, de retrouver l'intellection pure et de rendre à la pensée la responsabilité de la connaissance. Le travail d'Arnauld consiste alors à nous fournir une théorie de la connaissance en nous livrant l'architecture de la chose connue, l'architecture de l'idée qui permet de connaître la chose, et enfin, l'architecture du langage qui permet d'exprimer la connaissance de la chose.

La voie cartésienne d'Arnauld n'est pas une voie qui se propose de trouver une solution à un problème particulier dans les textes cartésiens. Arnauld ne propose pas une alternative à la prétendue distinction *réelle* des réalités de l'idée puisqu'il se refuse d'interpréter le « dualisme cartésien » comme une distinction réelle entre les réalités de l'idée. Arnauld montre que chez Descartes la distinction est purement formelle, et à partir de cette compréhension il poursuit l'analyse cartésienne et s'ouvre une voie originale. Originale, car, d'une part, les textes cartésiens ne permettent pas de trancher unanimement à l'égard de cette distinction. En effet, comme le souligne très justement Denis Moreau :

> Descartes est moins un philosophe qui a apporté des réponses définitives qu'un penseur qui ouvrit, et souvent sans les parcourir pleinement, des possibilités spéculatives que ses successeurs tentèrent de préciser. En ce sens, on pourra, et avec des bons arguments, considérer les deux théories de la connaissance développées par Malebranche et Arnauld comme « cartésiennes ». Elles demeurent néanmoins si différentes l'une de l'autre que cette commune subsomption sous l'étiquette « cartésianisme » conduit aussi à réclamer qu'on use avec circonspection de cette catégorie en histoire des idées[16].

Par ailleurs, Malebranche demande à Arnauld qu'il « apportât quelques endroits de sa Métaphysique », afin de démontrer que Descartes entendait

16 Antoine Arnauld, *Des Vraies et des Fausses Idées*, édition, présentation et notes par Moreau Denis, Paris, éd. Vrin, 2011, p. 27.

que la distinction entre les réalités de l'âme n'était que formelle. En ce sens, Malebranche était persuadé du dualisme cartésien. Il souligne en effet que « Descartes n'a point eu sur cela de sentiment arrêté, ou qu'il n'a pas voulu nous le déclarer[17] ».

D'autre part, la voie arnaldienne prolonge la théorie des idées dans une *théorie raisonnée du langage.* Arnauld expose les conditions de possibilité de l'accord de la pensée avec elle-même, mais aussi, et c'est là précisément le geste arnaldien, l'accord de la pensée avec le monde extérieur. Les conditions du *Cogito* sont pourtant respectées. Il est toujours un processus interne. Arnauld extériorise ce processus interne sans l'entacher. Pour ce faire, il soumet l'outil d'extériorisation lui-même à une abstraction de raison raisonnée. Désormais, Arnauld reprend, prolonge et crée à partir de la théorie des idées de Descartes. Nous pensons avoir montré qu'Arnauld constitue une voie cartésienne à lui seul. Non seulement il défend Descartes, mais il le reprend et il le prolonge. En le prolongeant, il construit une théorie du langage soumise aux mêmes conditions de l'idée. Si Descartes nous invite à penser la pensée dans son rapport à elle-même, Arnauld suit cette voie, mais il sait que cette analyse n'est pas suffisante. Pour Arnauld, la pensée n'est pas une affaire définitivement intérieure. La pensée semble donc soumise au discours. Dès lors, il incombe au philosophe de penser la pensée dans son rapport au langage. Mais le langage étant un objet complexe, c'est-à-dire composé de son et signification, il convient d'opérer sur lui une abstraction afin de dégager ce qui est simple, c'est-à-dire sa signification. En ce sens, Arnauld conditionne la nécessité de penser le langage dans son rapport à la pensée. Ainsi, ce n'est pas la pensée qui est soumise au langage, mais c'est le langage qui est conditionné par les fondements de la pensée. Le langage, qui est cet assemblage de son et de signification, doit être désassemblé par une opération de l'esprit afin de ne pas prendre le mot pour la signification.

Rendre la connaissance simple, c'est-à-dire, de commencer avec ce qui est simple, clair et distinct, c'est le projet cartésien repris par Arnauld. Rendre le langage simple, sans les aléas du langage, tel est le prolongement possible et telle est l'intention de la *Logique.* Monde simple, idée simple, langage simple. La vérité ne se dévoilera alors que quand cette

17 Nicolas Malebranche, *Réponses aux Vraies et Fausses Idées*, OCM, VI, p. 172.

triple condition de la connaissance sera réunie. La triple architecture dégagée par Arnauld, celle du monde, de l'idée et du langage, n'est qu'un ensemble de conditions pour l'entreprise qui consiste à rechercher les vérités naturelles, les seules qui incombent au philosophe. En effet, la vérité est conditionnée par ses fondements : un monde, une idée qui présente et représente ce monde en moi, un langage qui exprime cette idée, et un Dieu qui garantit le monde et la connaissance que je puis avoir du monde, de moi, et de Dieu. À la question de savoir si je peux connaître le monde, en philosophe, Arnauld répond que c'est possible, car Dieu nous a donné la possibilité de le faire en nous octroyons une faculté à cet effet. En théologien, Arnauld répond que c'est possible, car Dieu a voulu que nous connaissions ses ouvrages. Comment puis-je le connaître ? Par une chose immatérielle causée par Dieu qui se trouve en moi. Puis-je exprimer ma connaissance du monde sans entraver la pureté de ma pensée ? Oui répond Arnauld, par un langage raisonné. Puis-je connaître la cause de mes idées ? Oui répond Arnauld, nous pouvons connaître Dieu par l'idée de Dieu qui se trouve en nous. En philosophe, Arnauld considère que Dieu peut être la cause de l'idée de Dieu, mais la formation de cette idée ne dépend que de moi. En philosophe Arnauld aurait-il envisagé la possibilité de ne pas connaître l'existence de Dieu quoiqu'il soit la cause efficiente de nos idées ? Oui, car en toile de fond, un argument est décisif dans l'élaboration de la théorie d'Arnauld : *l'homme, depuis le péché d'Adam, porte avec lui le poids de la chute.* De ce fait, même ayant en lui la possibilité de se former l'idée de Dieu, entraîné par la concupiscence de la chair, il se représentera Dieu par image, ou il ne se le représente pas, ce qui revient au même pour Arnauld. En toile de fond, c'est donc le problème de la volonté qui détermine la connaissance de Dieu, du monde et de soi. L'implication de la théorie de la connaissance dans ce qui arrive dans la recherche du bien correspond à la justification de l'ouvrage de 1683. Si le péché est présent dans les ouvrages philosophiques d'Arnauld, c'est qu'il est le renversement théologique du questionnement philosophique. Dans la recherche des vérités morales, la grâce de l'homme n'est pas suffisante. Il ne peut pas prétendre retrouver son salut sans l'aide divine. D'un point de vue théologique, Arnauld renverse la conception de la puissance humaine. Si d'un point de vue de la connaissance, l'homme n'a pas besoin de l'illumination divine pour connaître, c'est parce qu'Arnauld considère que les idées causées par Dieu sont suffisantes. Par contre, en ce qui concerne la problématique théologico-morale, Arnauld considère que l'homme est incapable de trouver lui-même son salut. Ce faisant, il soutient que la grâce suffisante ne permet pas de combler cette capacité, et que l'homme est dans une entière dépendance à l'égard de Dieu. La relation de l'entendement et de la volonté au sein de l'âme ne fonctionne donc pas de la même manière.

À notre connaissance, le travail qui consiste à montrer la relation entre l'entendement et la volonté dans une optique d'une théorie de la connaissance n'a pas encore été effectué. Pourtant, Arnauld lui-même nous livre cette piste de travail en considérant que Malebranche confond ce qui arrive dans la connaissance de l'homme avec ce qui arrive dans la recherche du salut. L'action de Dieu concernant ces deux activités est différente, souligne Arnauld. Dans la recherche du salut, l'homme doit recourir à l'illumination divine pour obtenir la grâce efficace. Dans le domaine de la connaissance des vérités naturelles, Arnauld postule que l'illumination divine ne consiste qu'à octroyer à l'homme la faculté de se former lui-même les idées. Dieu est la cause efficiente des idées que nous nous formons. L'entendement au niveau de la connaissance est donc distinct de l'entendement moral, ils sont donc différemment illuminés. Mais cette distinction reste encore à élucider. Pour ce faire, il conviendrait de distinguer les ouvrages philosophiques des textes moraux, et de comparer le fonctionnement interne de chacun de ces domaines, afin de remplir les conditions qui dévoileront la distinction entre vérité naturelle et vérité morale. Un facteur risque toutefois de décourager le chercheur : « les textes d'Arnauld sont interminables[18] ». Un autre facteur peut toutefois susciter son intérêt : les textes d'Arnauld restent, malgré un maigre regain d'intérêt, pour la plupart inconnus.

18 Martial Gueroult, *Malebranche*, Paris, éd. Aubier, 1959, 3 tomes, t. 2, p. 8.

INDICATIONS BIBLIOGRAPHIQUES

SOURCES PREMIÈRES

ARNAULD, Antoine, *Œuvres de messire Antoine Arnauld, docteur de la maison et société de Sorbonne*, publiées par G. Du Pac De Bellegarde et J. Hautefage, avec la *Vie de messire Antoine Arnauld*, par N. De Larrière, Paris et Lausanne, 1775-1783, 43 t. en 38 vol., in 4°. Réimpression anastatique, Bruxelles, 1964.

ARNAULD, Antoine, *La Logique ou l'art de penser, Antoine Arnauld et Pierre Nicole*, Introduction de Louis Marin, Paris, éd. Flammarion, 1970.

ARNAULD, Antoine, *Grammaire générale et raisonnée, Arnauld et Lancelot*, édition revue et mise à jour par Jean Marc Mandosio, Paris, éd. Allia, 2010.

ARNAULD, Antoine, *Des Vraies et des Fausses Idées*, édition, présentation et notes par Moreau Denis, Paris, éd. Vrin, 2011.

DESCARTES, René, *Œuvres de Descartes*, publiées par Charles Adam et Paul Tannery, Paris, éd. Vrin 1996, 11 vol.

DESCARTES, René, *Notae in Programma quoddam*, traduction inédite dirigée par Moreau Denis. Centre Atlantique de Philosophie.

MALEBRANCHE, Nicolas, *Œuvres complètes de Malebranche*, sous la direction de Robinet André, Paris, éd. Vrin, 1958-1970, 21 vol.

SOURCES SECONDAIRES

ADORNO, Francesco Paolo, *Arnauld*, Paris, éd. Les Belles Lettres, 2005.

ALQUIÉ, Ferdinand, *Le cartésianisme de Malebranche*, Paris, éd. Vrin, 1974.

AUGUSTIN D'HIPPONE (saint), *Œuvres de saint Augustin*, 85 vol. 3e éd., Paris, éd. Desclée de Brouwer, 1976.

BOUILLIER, Francisque, *Histoire de la philosophie cartésienne*, [1854], 3e éd., Paris, Delagrave, 1868, 2 vol.

BOUCHILLOUX, Hélène, « L'usage de la Logique selon Arnauld », p. 233-257, dans *Antoine Arnauld, Philosophe, écrivain, théologien*, Paris, éd. Chroniques de Port-Royal – Bibliothèque Mazarine, 1995.

CARRAUD, Vincent, « Arnauld : de l'occamisme au Cartésianisme », p. 259-282, dans *Antoine Arnauld, Philosophe, écrivain, théologien*, Paris, éd. Chroniques de Port-Royal – Bibliothèque Mazarine, 1995.

CHOMSKY, Noam, *La linguistique cartésienne*, Paris, éd. Seuil, 1969.

DOMINICY, Marc, *La Naissance de la Grammaire Moderne. Langage, logique et philosophie à Port-Royal*, Bruxelles, éd. Mardaga, 1984.

FOUCAULT, Michel, *Les mots et les choses*, Paris, éd. Gallimard, 1966.

GAZIER, Augustin, *Histoire générale du mouvement janséniste depuis ses origines jusqu'à nos jours*, Paris, éd. E. Champion, 1922, 2 vol.

GOLDMAN, Lucien, *Le Dieu caché*, Paris, éd. Gallimard, 1959.

GOUHIER, Henri, *Cartésianisme et Augustinisme au XVIIe siècle*, Paris, éd. Vrin, 1978.

GUEROULT, Martial, *Descartes selon l'ordre des raisons*, Paris, éd. Aubier, 1953, 2 vol.

GUEROULT, Martial, *Malebranche*, Paris, éd. Aubier, 1959, 3 tomes.

HUSSERL, Edmund, *Méditations cartésiennes. Introduction à la phénoménologie*, Paris, éd. Vrin, 1947.

JACQUES, Émile, *Les années d'exil d'Antoine Arnauld* (1679-1694), Louvain, éd. Nauwelaerts, 1976.

KANT, Emmanuel, *Critique de la raison pure*, Trad. et présentation par Alain Renaut, Paris, éd. GF-Flammarion, 2001.

KREMER, Elmar, « L'accord de la grâce avec la liberté selon Arnauld », p. 145-161, dans *Antoine Arnauld, Philosophe, écrivain, théologien*, Paris, éd. Chroniques de Port-Royal – Bibliothèque Mazarine, 1995.

MOREAU, Denis, *Deux cartésiens. La polémique entre Antoine Arnauld et Nicolas Malebranche*, Paris, éd. Vrin, 1999.

MOREAU, Denis, *Arnauld. Textes Philosophiques*, Paris, éd. Presses Universitaires de France, 2001.

MOREAU, Denis, « Arnauld contre Malebranche : le polémiste et le méditatif », p. 335-350, dans *Antoine Arnauld, Philosophe, écrivain, théologien*, Paris, éd. Chroniques de Port-Royal – Bibliothèque Mazarine, 1995.

MOREAU, Joseph, « Le réalisme de Malebranche et la fonction de l'idée », p. 97-141, dans *Revue de Métaphysique et de morale*, 51e année, numéro 2, avril 1946.

NDIAYE, Aloyse Raymond, *La Philosophie d'Antoine Arnauld*, Paris, éd. Vrin, 1991.

NDIAYE, Aloyse Raymond, « Le statut des vérités éternelles dans la philosophie d'Antoine Arnauld : Cartésianisme ou Augustinisme ? », p. 283-321, dans

Antoine Arnauld, Philosophe, écrivain, théologien, Paris, éd. Chroniques de Port-Royal – Bibliothèque Mazarine, 1995.

PEETERS, Marc, *Descartes*, Paris, éd. Le Cavalier Bleu, 2011.

QUESNEL, Pasquier, *Histoire abrégée de la vie et des ouvrages de M. Arnauld (1690)*, Cologne, éd. Nicolas Schouten, 1695.

ROBINET, André, *Le langage à l'âge classique*, Paris, éd. Klincksieck, 1978.

ROBINET, André, *La pensée à l'âge classique*, coll. Que sais-je ? Numéro 1944, Paris, éd. Presses Universitaires de France, 1981.

RODIS-LEWIS, Geneviève, *L'œuvre de Descartes*, Paris, éd. Vrin, 1971, 2 volumes.

RODIS-LEWIS, Geneviève, *L'anthropologie cartésienne*, Paris, éd. Presses Universitaires de France, 1990.

THOMAS D'AQUIN (saint), *Somme théologique*, Paris, éd. du Cerf, 1984-1986, 4 tomes.

OUVRAGE COLLECTIF

Antoine Arnauld, Philosophe, écrivain, théologien, Paris, éd. Chroniques de Port-Royal – Bibliothèque Mazarine, 1995.

INDEX DES NOMS

INDEX DES NOTIONS

TABLE DES MATIÈRES

DEUXIÈME PARTIE

THÉORIE DES IDÉES ET INTENTION PHILOSOPHIQUE DU *DES VRAIES ET DES FAUSSES IDÉES (1683)*

Achevé d'imprimer par Corlet Numérique,
Ã Condé-sur-Noireau (Calvados), en octobre 2017
N° d'impression : 141626 – Dépôt légal : octobre 2017
Imprimé en France